혼자서도 쉽게 배우는

성경 속 히브리어

혼자서도 쉽게 배우는
성경 속 히브리어

지은이 | 이문범
초판 발행 | 2017. 12. 27.
11쇄 | 2025. 1. 23.
등록번호 | 제1988-000080호
등록된 곳 | 서울특별시 용산구 서빙고로65길 38
발행처 | 사단법인 두란노서원
영업부 | 2078-3333   FAX | 080-749-3705
출판부 | 2078-3331

책값은 뒤표지에 있습니다.
ISBN 978-89-531-3047-0 03230

독자의 의견을 기다립니다.
tpress@duranno.com   www.duranno.com

두란노서원은 바울 사도가 3차 전도여행 때 에베소에서 성령 받은 제자들을 따로 세워 하나님의 말씀으로 양육하던 장
소입니다. 사도행전 19장 8-20절의 정신에 따라 첫째 목회자를 돕는 사역과 평신도를 훈련시키는 사역, 둘째 세계선교
(TIM)와 문서선교 (단행본·잡지) 사역, 셋째 예수문화 및 경배와 찬양 사역, 그리고 가정·상담 사역 등을 감당하고 있습니다.
1980년 12월 22일에 창립된 두란노서원은 주님 오실 때까지 이 사역들을 계속할 것입니다.

혼자서도
쉽게 배우는

이문범 지음

성경 속
히브리어

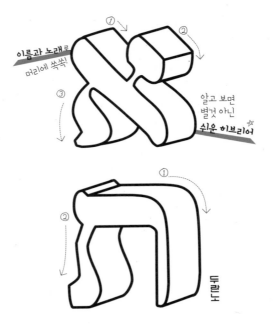

이름과 노래로
머리에 쏙쏙!

알고 보면
별것 아닌
쉬운 히브리어

두란노

목차

첫째 인 　　　　　　　　　　문자

눈이 확 열리는
히브리어 간단 문법

히브리어를 울면서 들어가 웃으면서 나오는 언어라고 합니다. 그만큼 입문이 쉽지 않습니다. 저는 이스라엘에서 공부하면서 히브리어에 쉽게 접근할 수 있는 방법을 고민했습니다. 그러던 중 히브리어로 통하는 비밀 통로를 발견했습니다. 바로 '노래'와 '이름'입니다.

레위기, 여호수아, 사무엘상·하, 이사야 등 성경책 이름이 곧 히브리어요, 그 속에 단어와 문법이 숨어 있습니다. 이것을 이해하면 성경이 이해되고 말씀이 풍성해집니다.

먼저 그림책을 보듯이 시작하십시오. 즐겁게 노래를 부르며 히브리어를 익혀 보세요. 노래는 곡조와 함께 반복되는 가사를 통해 자연스럽게 배울 수 있는 세계 공통 문화입니다. 그러나 그 간단한 가사 중에 단어와 문법, 문체의 특징들이 어우러져 있습니다.

몇 학급에서 이스라엘 민요로 히브리어를 알려 주자 훨씬 친숙하게 히브리어에 입문할 수 있었습니다. 본문에 익숙한 상태에서 언어를 분석하는 것이 좋은 것은 다 아는 사실입니다. 그 본문을 익숙한 노래를 통해 접근하는 것입니다.

또한 "이스라엘아 들으라"(신 6:4)를 바탕으로 한 '쉐마 이스라엘'

이나 시편 133:1을 노래한 '히네 마 토브' 등은 역사가 깊고 많이 사랑받은 곡입니다. 이 곡을 다윗과 예수님도 불렀을 것이라 생각하니 더 큰 감동으로 다가옵니다. 오랫동안 불리던 이스라엘 민요를 통해서 히브리어 감각을 익힐 뿐 아니라 그 단어와 의미를 쉽게 이해할 수 있을 것입니다.

다음으로, 히브리어 이름 안에는 히브리어의 문법과 단어가 숨어 있습니다. 창세기부터 말라기까지, 아니 때로 신약성경까지 1만 6500개의 히브리어 이름이 나오며 이를 정리하면 3600개의 인명과 지명이 언급됩니다.

성경 이름은 때로 성경 통독에 큰 장애가 됩니다. 여호수아서의 지명, 역대상의 인명은 그 대표적인 예입니다. 신약의 첫 관문도 족보라는 인명을 통과해야 합니다. 이렇게 어렵고 때로는 의미 없게 느껴지는 인명과 지명이 히브리어에 쉽게 입문할 수 있는 통로가 된다니 놀랍지 않습니까? 하나님께서 이름을 통해 히브리어로 들어가는 비밀 통로를 만들어 놓으셨다는 데 새삼 놀랍습니다.

이렇게 배우는 좋은 점을 정리하면 다음과 같습니다.

1. 히브리어 단어를 쉽고 즐겁게 외운다.
   성경의 인명과 지명을 잘 아는 사람들은 이미 외운 것을 찾는 것이다.
2. 노래와 이름을 분석하면서 히브리어 문법도 자연스럽게 익힌다.
3. 노래와 이름과 지명의 뜻을 알게 되면서 당시 문화, 특히 음악과 사람과 지역에 대하여 더 깊이 이해하게 된다.
4. 성경의 지리-문화 설명을 통해 성경 배경 지식을 넓힌다.
5. 한 번 배운 히브리어를 즐겁게 그리고 오랫동안 기억하게 한다.

2017년 12월

이문범

구약성경은 히브리어로 기록되었다. 예수님과 사도들도 히브리어(혹은 아람어)를 사용했다. 히브리어는 한글과 많이 달라 시작이 중요하다. 그래서 일곱 인봉을 떼듯이 접근해야 한다.

언어는 사람의 생각과 문화를 담고 있는 그릇이다. 그렇기에 언어의 이해 없이는 그 사람들과 글을 이해할 수 없다. 히브리어로 성경을 이해하는 예를 함께 나누어 보자.

1. 히브리어를 알아야 믿음의 의미를 알 수 있다.

> 믿음은 바라는 것들의 실상이요 보지 못하는 것들의 증거니
> 히 11:1

믿음이 '바라는 것이 내 앞에 실제 있는 것과 같다'는 말은 히브리어를 이해할 때 가능하다. 히브리어는 시간 개념이 우리와 다르다. 우리는 과거, 현재, 미래의 개념을 사용하는 데 익숙하지만 히브리어는 완료와 미완료를 사용한다.

완료는 과거 같고 미완료는 미래 같지만 조금 다르다. 앞으로 해야 할 일이 확정되었으면 그것은 미래의 일이라도 완료형을 쓴다. 반대로 과거에 해야 할 일을 다 하지 못했으면 미완료를 쓴다. 하나님이 이루실 일을 확실히 믿으면 미래의 일도 완료형을 사용

한다. 믿음으로 바라는 것의 실상인 셈이다.

2. 히브리 구문을 알아야 문맥을 이해할 수 있다.

유대인은 표적을 구하고 헬라인은 지혜를 찾으나 고전 1:22

헬라어는 인도유러피언 언어다. 이 언어는 주로 '주어+동사+목적어' 순으로 구성된다. 그러나 히브리어는 '동사+주어+목적어' 순이다. 한국어는 '나는 밥을 먹었다'라고 말하고, 인도유러피언 언어인 영어는 '나는 먹었다 밥을'이라고 말하며, 히브리어는 '먹었다 나는 밥을'이라고 말한다.

언어의 순서는 각 민족이 무엇을 먼저 강조하고 싶은지를 보여준다.

유대인이 표적을 구하는 것은 그들의 언어가 동사부터 시작되기 때문이다. 그래서 유대인들은 예수님께도 지속적인 표적을 요구했다.

그때에 서기관과 바리새인 중 몇 사람이 말하되 선생님이여
우리에게 표적 보여 주시기를 원하나이다 마 12:38

3. 히브리 이름을 이해할 때 숨겨진 의미를 이해할 수 있다.

이름 속에 한 사람의 인생이 숨어 있고, 선지자의 이름 속에 그

성경의 주제가 들어 있다. 예수님은 '위로의 마을'이라는 '가버나움
=케페르(마을)+나훔(위로)'에 오셔서 일하셨다. 선지자의 이름은 그
선지서의 뜻을 함축하고 있다. 예를 들어 에스겔은 '하나님은 강하
시다'라는 뜻이 있는데, 에스겔서는 "여호와인 줄 알지어다"라는 말
이 60회 이상 나오면서 여호와 하나님의 강하심을 강조하려 한다.

4. 히브리어를 알아야 시를 온전히 이해할 수 있다.

김소월의 시 〈진달래꽃〉에서 "나 보기가 역겨워… 즈려 밟고 가
시옵소서…" 같은 표현은 번역하기가 너무 어렵다. 마찬가지로 히
브리 시를 이해하려면 그들의 운율과 형태를 알아야 한다.

시편 133:1을 개역개정에서는 이렇게 번역했다.

> 보라 형제가 연합하여 동거함이 어찌 그리 선하고 아름다운
> 고 시 133:1

그러나 원어를 보면 다음과 같다.

히네	마	토브	마	나임	쉐벧	아힘	감	야하드
자!	무엇이	좋은가	무엇이	기쁜가	동거함	형제들	또한	함께함

원어대로 해석하면 다음과 같다.

"자 무엇이 좋은가? 무엇이 기쁜가? 형제들이 이렇게 함께 거함이 아닌가?"

우리 번역과 원어를 그대로 나열한 것과 느낌이 다르지 않은가? 시는 문자와 문체를 모르면 반 정도밖에 그 의미를 이해 못하기에 히브리어 특징을 이해하는 것이 필요하다.

성경을 기록한 문체를 정리하면 다음과 같다.

1. 이야기체(설화체=내러티브, 줄거리를 가진 이야기): 역사서(창세기, 여호수아-에스더)와 모세오경, 선지서의 일부
2. 강화체(핵심 사상을 전달하기 위한 강의형 문체): 출애굽기, 레위기, 민수기, 신명기, 이사야에서 말라기까지의 선지서 일부
3. 시가서(시로 기록된 글): 욥기-아가서, 선지서 일부

그러므로 이 세 가지 문체를 하나씩 다루면서 성경 자체에서 단어와 문법을 알아 가 보자.

☖ 이야기체 대표로 창세기 1장 1절을
☖ 강화체 대표로 신명기 6장 4-5절을
☖ 시가서 대표로 시편 133편 1절을 볼 것이다.

이 모든 구절을 노래와 함께 배우면 더 쉽게 알 수 있다.

먼저 노래를 외우라. 그리고 글자와 문법으로 들어가라.

차례는 일곱 인을 떼듯이 구성했다. 소망을 향하여 행진하라. 마지막 인을 뗄 때에 히브리어의 문이 열릴 것이다.

히브리어 특징

히브리어 특징을 간단히 몇 가지 요약하면 다음과 같다.

- 히브리어는 초기부터 자음으로만 기록되었기에 자음에 집중하라.
- 기본 단어는 3개의 문자다.
- 기본 모음은 주로 '아'다.
- 히브리어는 오른쪽에서 왼쪽으로 쓴다.
- 명사나 동사에 다양한 접두어와 접미어가 붙을 수 있다.
- 목적어들이 동사 뒤에 붙어 긴 단어를 만들 수 있다.
- 명사를 수식할 때는 뒤에서부터 시작한다.
  예) '아름다운 여인'은 '여인 아름다운'이 된다.
- 히브리어의 기본 순서는 '동사+주어+목적어'이다.
- 동사가 앞에 나와 강조되니 동사에 초점을 두라.
- 히브리어 구조는 단문의 연속이다.

한눈에 보는 히브리어

자음

א **알렙** ㅇ	ב **베트** ㅂ	ג **김멜** ㄱ	ד **달렛** ㄷ
ה **헤** ㅎ	ו **바브** ㅂ	ז **자인** ㅈ	ח **헤트** ㅎ
ט **테트** ㅌ	י **요드** ㅇ	כ **카프** ㅋ	ל **라메드** ㄹ
מ **멤** ㅁ	נ **눈** ㄴ	ס **싸멕** ㅅ	ע **아인** ㅇ
פ **페** ㅍ	צ **짜디** ㅉ	ק **코프** ㅋ	ר **레쉬** ㄹ
שׂ **씬** ㅆ	שׁ **쉰** ㅅ	ת **타브** ㅌ	

모음

אָ **아** ㅏ	אֶ **에** ㅔ	אִ **이** ㅣ
אֹ **오** ㅗ	אֻ **우** ㅜ	אְ **으** ㅡ

15

←―― (히브리어는 오른쪽에서 왼쪽 방향으로 읽는다.)

Dālēth 달렛	Gîmel 김멜	Bêth 베트	Aleph 알렙
Hêth 헤트	Zayin 자인	Wāw 바브	Hê 헤
Kāph 카프	Yôdh 요드	Têth 테트	
	Mêm 멤	Lāmēdh 라메드	

16

Ayin 아인 Sāmekh 싸멕 Nûn 눈

Tsādhê 짜디 Pê 페

shîn 쉰 Sîn 씬 Rêsh 레쉬 Qôph 코프

■ 안에 순서대로 써 보세요.

Tāw 타브

17

첫째 인

문자

chapter 1

자음을 떼다

히브리어 문자의 자음은 상형문자에서 시작하였다. 고대 글자는 다양한 변화를 겪으면서 히브리어가 되기도 했지만, 어느 쪽은 아랍어나 페니키아어(두로와 시돈)가 되었고, 페니키아어에서 헬라어로 넘어가 영어의 근원이 되기도 했다. 오랜 시간 변화를 겪다 보니 그 문자의 근원이 어디인지 확실하지 않은 것이 많다. 학자들의 주장도 다양하기에 이 책에서는 가장 많이 알려지고 쉽게 기억할 만한 형태를 잡아 보았다.

히브리어는 자음 위주로 기록되었다. 그래서 예수님 시대 때만 해도 모음이 존재하지 않았다. 오래된 쿰란 문서 등을 보아도 그것을 알 수 있다. 히브리어는 말을 할 줄 아는 사람들이 글자를 자연스럽게 읽도록 되어 있었다. 이런 관점에서 글을 자음 위주로 쓰고 기억하는 것이 좋다. 자음이 어근을 형성하고 모음의 변화에 따라 명사, 동사, 형용사로 바뀌기 때문에 자음의 철저한 이해가 중요하다.

자음은 또한 숫자를 표기하는 데 사용되었다. 글자의 순서가 숫자를 기록하는 데 사용된 것으로 순서대로 외우면 유익하다.

시편 119편을 NIV성경으로 보면 그 순서가 히브리어 순서로 되어 있어 22개 문장으로 구분되어 있음을 볼 수 있다.

현재 성경을 기록한 문자는 히브리어라기보다는 아람어에서 빌려 온 것으로 겹치는 발음이 있다. 특히 'ㅇ', 'ㅌ', 'ㅋ', 'ㅂ' 등의 발음이 두 개씩 있으니 유의해서 보라.

기본 자음은 22자이지만 방언의 변화와 앞과 뒤에 오는 모양이 달라서 더 많은 문자처럼 보인다.

자음 글자 모양은 다음과 같은 구조로 기록해 보았다.

유래한 모양		한글 자음
	히브리어 문자 (끝에 올 경우)	
글자 이름		실례(뜻)

스마트폰으로 큐알코드를 찍어
동영상을 보며 발음을 익힌다.
(1번 히브리어 알파벳)

소머리

알렙(Alef)

아담 אָדָם 사람

소의 머리 모양에서 시작된 글자는 영어 A로 변화되기도 했다. A를 거꾸로 세우면 소머리 모양이 된다. 목에서 소리가 나온다고 해서 '후음' 문자라고 한다.

집

베트(Bet)

바잍 בַּיִת 집

점이 있으면(בּ) [b], 점이 없으면(ב) [v] 발음을 한다. 앞에 올 때는 문자 가운데 점을 붙인다. 이걸 다게쉬라 하는데 이런 문자는 총 6개가 있다(베트(ב), 김멜(ג), 달렛(ד), 카프(כ), 페(פ), 타브(ת)).

낙타
김멜(Gimel)

가말 גָּמָל 낙타

낙타에서 유래한 문자로 보며 글자의 넓이가 다른 문자보다 작아 반쪽 문자처럼 사용된다. 닫힌 음인 폐음절 뒤에는 글자 안에 점이 들어가며(גּ) 인후에서 나오는 'ㄱ' 발음을 한다.

문
달렛(Dalet)

델렛 דֶּלֶת 문

'델렛'이라는 문에서 유래한 글자이고 발음은 'ㄷ' 발음이 나는데 한글 기역과 비슷하므로 혼동하지 말아야 한다. 위의 문자처럼 직각으로 써야 한다.

기도자세
헤(Heh)

하르 הַר 산

헤는 자음일 때는 'ㅎ' 발음이 나지만 마지막에 올 때는 모음문 자로 사용되어 '아' 발음을 길게 내 주거나 여성을 표시하는 묵음 으로 사용된다. 이 글자도 '후음 문자'다.

갈고리
바브(Vav=Waw)

다비드 דָּוִד 다윗

갈고리나 손톱에서 기원하였다고 한다. 영어 'v'에 가깝고 모음 문자로 사용될 때는 자체 음가가 없어진다. '와우'라는 'w' 발음으 로 쓰일 때도 많다. 이 차이 때문에 한 이름을 가지고 다비드(David) 와 다윗(Dawid)이 나왔다.

화살

자인(Zayin)

제라 זֶרַע 씨앗

우리말 'ㅈ'보다 영어 'z'에 가깝다. 화살 혹은 칼에서 왔다는 주장이 있다.

담장

헤트(Chet)

헤레브 חֶרֶב 칼

헤트는 후음 문자로 'ch'와 비슷하나 목에서 가래 뱉는 소리처럼 거친 음으로 낸다.

바퀴

테트(Tet)

토브 טוֹב 좋은

뱀 혹은 바퀴에서 기원되었다고 한다. 'ㅌ'에 가깝지만 인후에 가까운 'ㄸ' 발음에 더 가깝다고 할 수 있다.

손

요드(Yod)

야드 יָד 손

모음과 함께 장모음문자로 사용되기도 하지만 용례로 보면 영어 'y'가 더 정확하다. י는 자음으로 쓰일 때는 아(a)를 야(ya)로, 오(o)를 요(yo)로, 에(e)를 예(ye)로, 우(u)를 유(yu)로 바꾼다.

손바닥
카프(Kaf)

카프 כַּף 손바닥

ㅋ

앞에 올 때 점이 붙으면서(כּ) 'ㅋ' 발음이 나며 점이 없으면(כ) 헤트와 비슷한 후음 'ㅎ' 발음이 난다. 단어의 마지막에 위치할 때 는 글자 아래 부분이 펴져 길게 내린다.

지팡이
라메드(Lamed)

레브 לֵב 마음

ㄹ

우리말 'ㄹ'로 영어 'L' 발음이 난다.

히브리어 '라마드'는 '배우다, 공부하다'이다. 교훈의 지팡이와 연관하여 기억해 보라.

바다

멤(Mem)

마임 מַיִם 물

口

우리말 'ㅁ'과 같은 발음이고 모양도 비슷하다. 단어의 마지막에 위치할 때는 막혀 'ㅁ' 모양처럼 되어 버린다. 바다에서 유래해서인지 '물'을 '마임'이라고 한다.

뱀

눈(Nun)

나탄 נָתַן 주다

ㄴ

눈은 바다뱀이나 물고기서 유래했다고 본다. 우리 글 'ㄴ'과 같은 소리가 난다. 단어의 마지막에 위치할 때는 글자 끝이 펴져 길게 된다. 여호수아의 아버지 '눈'은 '물고기'를 의미한다.

물고기
싸멕(Sameq)

세페르 סֵפֶר 책

싸멕은 물고기 혹은 텐트 팩에서 유래했다고 추정된다. 영어 's'보다 우리말 'ㅆ'에 가깝다. 싸마크는 '지탱하다'는 뜻이 있다.

눈
아인(Ain)

아인 עַיִן 눈

아인은 목에 힘을 주어 좁힌 후 나는 '아' 발음이지만 주로 '아'로 들린다.

아인이라는 단어는 동음이의어(同音異議語)로 '눈' 과 '샘'을 의미한다.

입
페(Pe)

ㅍ

페 פֶּה 입

페에 점이 있으면(פּ)영어의 'p' 발음이 나고 없으면 영어의(פ) 'f' 발음이 난다. '페'가 단어의 마지막에 위치할 때는 글자 아래가 길게 펴진다. '페'라는 단어는 '입'을 의미한다.

꽃
짜디(Tzadi)

ㅉ (ㅊ)

쫀 צִאון 양

우리말의 'ㅉ' 발음과 비슷하나 목에서 나오는 'ㅊ' 발음과 비슷하다. 단어의 마지막에 위치할 때는 글자가 길게 늘어진다.

머리 뒤

코프(Kof)

코데쉬 קֹדֶשׁ 거룩

코프는 원숭이 혹은 여인의 머리 뒤에서 유래하였다고 추정되며, 우리말의 'ㅋ'과 영어의 'q'와 비슷하나, 목 깊숙이에서 나는 'ㄲ'에 가까운 소리다.

머리

레쉬(Resh)

로쉬 רֹאשׁ 머리

레쉬는 우리말의 'ㄹ'이나 영어의 'r'로 표기하지만 실제로 많이 다르다. 목젖을 떨면서 혀를 빠르게 떠는 소리로 타국인이 내기 가장 힘들다.

히브리어로 머리를 '로쉬'라고 한다.

활
씬(Sin)

싸데 שָׂדֶה 들판

씬은 'ㅆ'과 비슷한 소리다. 쉰과 씬은 원래 하나의 글자였던 것 같다. 사사기 입다 사건에 나오는 십볼렛(שִׁבֹּלֶת)과 씹볼렛(סִבֹּלֶת)은 쉰(שׁ)과 싸멕(ס)의 차이다.

이빨
쉰(Shin)

쉔 שֵׁן 이빨

활 모양과 비슷한 쉰은 영어의 'sh' 발음에 가깝다.

십자표시

타브(Tav)

토라 תּוֹרָה 율법

E

안에 점이 있는 타브(תּ)는 'ㅌ' 발음이 나고 점이 없으면(ת) 'th'
발음이 난다.

이처럼 받침이 있는 폐음절 다음에 올 때 안(히브리어로 다게쉬)에
점이 붙는 글자는 모두 6개다. 외우기 쉽게 '베게드케페트 문자'라
고 한다. 점이 있으면 우리글과 같은 파열음이 되고 없으면 영어의
마찰음과 같이 된다.

בּ	גּ	דּ	כּ	פּ	תּ
ㅂ	ㄱ	ㄷ	ㅋ	ㅍ	ㅌ
V	G	Th[ð]	Kh	F	Th[θ]

사사기 4장 야엘 이야기를 바탕으로

1. **א** 알렙-소   소를 몰고 나갔다. 남편은

2. **ב** 베트-집   집을 지키고 있다.

                           야엘이라는 여인 혼자서

3. **ג** 김멜-낙타   낙타만이 집 옆에 있다.

4. **ד** 달렛-문   문을 열고

5. **ה** 헤-기도   감사 기도한다.

6. **ו** 바브-갈고리   갈고리에는

7. **ז** 자인-화살, 칼   화살이 걸려 있다.

---

8. **ח** 헤트-담장   담장을 넘어

9. **ט** 테트-바퀴   바퀴처럼 구르듯 시스라가 온다.

10. **י** 요드-손   손을 뻗는다. 그녀는

11. **כ**(ך) 카프-손바닥 손바닥을 펴 환영한다.

12. **ל** 라메드-지팡이   지팡이가 있다.

                           그의 손에는 지도자의 지팡이가 있다.

13. **מ**(ם) 멤-바다, 물   물을 달라고 했지만 우유를 먹였다.

14. **נ**(ן) 눈-뱀   뱀같이 지혜로운 여인 야엘은

15. **ס** 싸멕-물고기   물고기 모양의 말뚝을 들었다.

16. **ע** 아인-눈   눈이 감겨 있다.

17. **פ**(ף) 페-입   입을 헤벌쭉 벌린 채 그는 깊이 잠들었다.

18. צ (ץ) 짜디-꽃　　　꽃 같은 여인 야엘은

19. ק 코프-머리카락　머리카락이 눈을 가리지 않도록

20. ר 레쉬-머리　　　머리를 묶는다.

21. שׁ 씬-활　　　　　활을 쏘듯이 조준한다.

22. שׂ 쉰-이빨　　　　이빨을 악문다.

23. ת 타브-십자 표시　십자 표시한 관자놀이에 말뚝을 박았다.

　　인쇄체 히브리어 글자를 모양 그대로 쓰는 것은 쉽지 않다. 다음과 같은 다양한 글자체가 있는데 소리를 내면서 글자를 써보라.

ㅌ ㅅ ㄹ ㅋ ㅉ ㅉ ㅍ ㅍ ㅇ ㅆ ㄴ ㄴ ㅁ ㅁ ㄹ ㅋ ㅋ Y ㅌ ㅎ ㅈ ㅂ ㅎ ㄷ ㄱ ㅂ ㅇ

אבגדהוזחטיכדלממננסעפפצצקרשת

אבגדהוזחטיכרלממננסעפפצצקרשת

אבגדהוזחטיכרלממננסעפצצקרשת

אבגדהוזחטיכרלממננסעפצצקרשת

1. 다윗의 족보

> 그런즉 모든 대 수가 아브라함부터 다윗까지 열네 대요 다윗
> 부터 바벨론으로 사로잡혀 갈 때까지 열네 대요 바벨론으로
> 사로잡혀 간 후부터 그리스도까지 열네 대더라 마 1:17

마태는 의도적으로 예수님의 족보를 14대씩 구분하였다. 그 이유는 다윗이라는 이름에 있다. 다윗이라는 글자의 수를 합치면 14가 되기 때문이다.

$$다윗 = ﬧ(4) + ﬡ(6) + ﬧ(4) = דוד(14)$$

마태는 다윗의 후손 예수님이 왕으로 오심을 나타내기 위하여 다윗의 족보로 시작하였고 마지막 장에서도 하늘과 땅의 권세를 가진 만왕의 왕으로 주님을 묘사했다.

2. 시편 119편

시편 119편은 알파벳순으로 기록되었다는 것을 이미 언급하였다. 자세히 살펴보면 1절부터 8절까지는 모두 히브리어 첫 자인 알

렙으로 시작한다. 9절부터 16절까지는 모두 베트로 시작한다. 이렇게 하여 22문자를 모두 8절씩 반복하여 176절까지 진행한다. '말씀'이라는 한 주제로 이렇게 반복하는 것은 그것이 매우 중요하기 때문이다.

이런 말씀이 육신이 되어 오신 주님이 바로 예수님이시다.

1 אַשְׁרֵי תְמִימֵי־דָרֶךְ הַהֹלְכִים בְּתוֹרַת יְהוָה

2 אַשְׁרֵי נֹצְרֵי עֵדֹתָיו בְּכָל־לֵב יִדְרְשׁוּהוּ

3 אַף לֹא־פָעֲלוּ עַוְלָה בִּדְרָכָיו הָלָכוּ

1 행위가 온전하여 여호와의 율법을 따라
행하는 자들은 복이 있음이여
2 여호와의 증거들을 지키고 전심으로
여호와를 구하는 자는 복이 있도다
3 참으로 그들은 불의를 행하지 아니하고
주의 도를 행하는도다

9 בַּמֶּה יְזַכֶּה־נַּעַר אֶת־אָרְחוֹ לִשְׁמֹר כִּדְבָרֶךָ

9 청년이 무엇으로 그의 행실을 깨끗하게 하리이까
주의 말씀만 지킬 따름이니이다

תָּעִיתִי כְּשֶׂה אֹבֵד בַּקֵּשׁ עַבְדֶּךָ כִּי מִצְוֺתֶיךָ לֹא שָׁכָחְתִּי ‏176

176 잃은 양같이 내가 방황하오니

주의 종을 찾으소서 내가 주의 계명들을 잊지 아니함이니이다

3. 예레미야애가

예루살렘 멸망에 대한 슬픔을 표현한 예레미야애가에는 모두 다섯 개의 애가가 수록되어 있다. 1장과 2장 그리고 4장은 히브리어 22개 문자의 첫 글자로 시작하며 순서대로 배열되었다. 이 패턴은 3장에서 3개씩 반복되면서 22문자를 배열하였다. 예레미야애가 1장 전반부를 보자.

1 אֵיכָה יָשְׁבָה בָדָד הָעִיר רַבָּתִי עָם הָיְתָה כְּאַלְמָנָה רַבָּתִי בַגּוֹיִם שָׂרָתִי בַּמְּדִינוֹת הָיְתָה לָמַס ס

2 בָּכוֹ תִבְכֶּה בַּלַּיְלָה וְדִמְעָתָהּ עַל לֶחֱיָהּ אֵין־לָהּ מְנַחֵם---

3 גָּלְתָה יְהוּדָה מֵעֹנִי וּמֵרֹב עֲבֹדָה הִיא יָשְׁבָה בַגּוֹיִם

4 דַּרְכֵי צִיּוֹן אֲבֵלוֹת מִבְּלִי בָּאֵי מוֹעֵד כָּל־שְׁעָרֶיהָ שׁוֹמֵמִין---

3장의 애가만 66개의 구절들로 되어 있다. 이러한 배열을 알파벳 아크로스틱스(Alphabetic Acrostics)라고 부르는데 알파벳을 사용하여 시를 쓴 예레미야는 감정적으로 매우 격분된 상태이나 알파벳 구조를 따름으로 자신의 감정을 극도로 자제하면서 기록했음을 알 수 있다. 마지막 5장은 이런 형식을 깨면서 큰 아픔을 표현하였다.

chapter 2

모음을 떼다

히브리어는 우리 글자처럼 자음과 모음이 따로 있었던 것이 아니다. 자음 위주의 히브리어에서 모음은 후대에 마소라 학자들에 의하여 만들어졌기에 고대어에는 자음만 기록되어 있다. 그렇지만 히브리어를 처음 배우는 사람을 위해서는 모음이 필수적이기에 그것을 이렇게 정리해 보자.

	단모음	장모음	순장모음	합성쉐바 (단모음)
אַ 아	ָ	ָ	הָ	ֲ
אֶ 에	ֶ	ֵ	יֵ	ֱ
אִ 이	ִ		יִ	
אָ 오	ָ	ֹ	וֹ	ֳ
אֻ 우	ֻ		וּ	
אְ 으(에)		ְ		

모음은 '아-에-이-오-우'로 요약되며 단모음과 장모음은 거의 차이를 느끼지 못하기에 다음과 같이 정리할 수 있다.

아(ָ)는 아래 수평 막대기가 들어가는 것이 공통점이며 예외적인 것은 뒤에 폐음절(ְ)이 나올 때 '아' 발음처럼 보이지만 '오'(ָ)가 된다.

에(ֵ)는 점 수평으로 두 개 이상이면 모두 '에' 발음이다. 예외로 '으'(ְ) 발음이 앞에 와서 폐음절이 되면 반모음 '에' 발음을 낸다.

이(ִ)는 자음인 요드가 '이' 발음을 내기도 하지만 모음으로 글자 아래 점 하나가 있으면 '이' 발음이 난다.

오(ֹ)는 위에 점이 붙는 것이 일반적이나 '으' 발음의 쉐바(ְ)가 '아'(ָ)와 합성되면 '오'(ָ)발음을 낸다.

우(ֻ)는 점이 사선으로 세 개가 될 때와 점이 옆으로 올 때(וּ) '우' 발음이 난다. 다음과 같이 정리할 수도 있다.

	단모음	장모음	순장모음	합성쉐바 (단모음)
아	אַ	אָ	אָה	אֲ
에	אֶ	אֵ	אֵי	אֱ, אֱ
이	אִ		אִי	
오	אָ	אֹ	אוֹ, אֹה	אֳ
우	אֻ		אוּ	
묵음			אְ	

모음 톤에 의한 발성 위치에 따라 모음을 구분하면 다음과 같이 그릴 수 있다. 세로는 '아'에서 '이'로, '아'에서 '우'로 톤이 올라가는 것을 볼 수 있다.

오른쪽에 위치한 '우'는 입 뒤에서 나오는 소리이며 '이'는 입 앞에서 나오는 소리다.

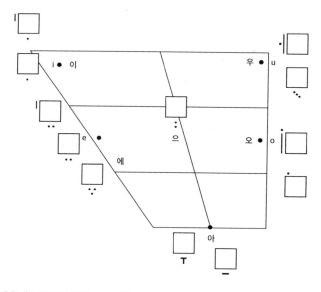

* 가운데 모음 '으' 발음으로 기록한 곳은 '어' 발음이지만 히브리어에는 '어' 발음이 없다. '쉐바'라 부르는 이 발음은 앞에 올 때 '에' 발음이 나고 중간에 올 때는 묵음이 되며, 우리 성경에서는 자주 '으' 발음으로 번역되었다.

א(알렙)과 함께 모음 문자를 반복해서 써 봅시다.

표시	소리	1회	2회	3회	4회	5회
אָ	아					
אַ	아					
אֲ	아					
אָה	아 -					
אֵ	에					
אֶ	에					
אֱ	에					
אֵי	에 -					

표시	소리	1회	2회	3회	4회	5회
אִ	이					
אִי	이 -					
אֹ	오					
אָ	오					
אְבָ	오					
אוֹ	오 -					
אֻ	우					
אוּ	우-					
אֱ	으에					

자음만으로는 문장을 이해하는 데 많은 오류를 범할 수 있다.

1. 에돔(אֱדֹם)과 아담(אָדָם), 아돔(אָדֹם)

세 단어의 자음은 같다. 그러므로 세 단어의 차이는 모음을 알때 정확히 알 수 있다.

아담	אָדָם	사람, 사람 이름
에돔	אֱדֹם	사람 이름 혹은 에서의 별명
아돔	אָדֹם	붉은(형용사)

2. 쇠케드(שָׁקֵד)와 쇼케드(שֹׁקֵד)

예레미야서를 시작할 때 하나님은 예레미야에게 이렇게 명령한다.

> 11 …예레미야야 네가 무엇을 보느냐 하시매 내가 대답하되
> 내가 살구나무 שָׁקֵד 가지를 보나이다
> 12 여호와께서 내게 이르시되 네가 잘 보았도다 이는 내가 내
> 말을 지켜 שֹׁקֵד 그대로 이루려 함이라 하시니라 렘 1:11-12

'살구나무(쇠케드)'와 하나님이 '지키시다(쇼케드)'는 같은 자음을

쓴다. 그러나 모음 차이를 가지고 워드플레이를 하시는 하나님을 뵌다. 살구나무를 보면서 항상 지켜보시는 하나님을 연상케 한다.

둘째 **인**

구조

chapter 3

문장 구조를 떼다

언어의 숲을 보라. 우리에게 익숙한 언어 구조는 크게 세 종류 가 있다. 마치 셈과 함, 야벳이 인류의 조상이 되었던 것과 비슷하다. 당신은 다음 그림의 세 원 중에 어느 부분이 먼저 보이는가?

위 그림에서 사람은 주어(S)이고, 밥은 목적어(O)이고, 손은 동사 (V)다.

우리말 순서: 나는 밥을 먹었다

일반적으로 우리나라는 '나는 밥을 먹었다(S+O+V)'라고 한다. 그러므로 왼쪽 그림의 순서대로 보게 되어 있다. 그렇다 보니 누가 무엇을 어떻게 했느냐에 중요도를 둔다.

영어 순서: 나는 먹었다 밥을

인도유러피언 언어인 영어는 '나는 먹었다 밥을'이라고 말하면서 '주어+동사+목적어(S+V+O)' 순으로 말한다. 그러므로 목적보다는 행동에 초점을 둔다.

히브리 순서: 먹었다 나는 밥을

우리가 배우는 히브리어는 어떠한가? 히브리어는 '먹었다 나는 밥을(V+S+O)'이라고 말한다. 그러므로 히브리어는 행동인 동사에 강조점을 두고 있다. 그렇다 보니 동사의 변화가 많고 행동으로 그들의 진정성을 보이는 경향이 있다. 중동 지역에서 자살 폭탄 테러가 자주 일어나는 것도 이와 무관하지 않다. 히브리어 특징을 말하는 다음 구절을 보라.

> 그 말이 응하리니 응할 때에는
>
> 그들이 한 선지자가 자기 가운데에 있었음을 알리라 겔 33:33

> 유대인은 표적을 구하고 헬라인은 지혜를 찾으나 고전 1:22

유대인이 표적을 구하는 것은 그들의 언어가 동사부터 시작되기 때문이다. 그래서 유대인들은 예수님에게도 지속적으로 표적을 요구하였다. 정리하면 다음과 같다.

- 우리나라 언어는 터키-몽고-한국-일본으로 이어지는 우랄알타이어로 '주어+목적어+동사' 순으로 되어 있다.
- 영어나 헬라어는 중국-인도-유럽 지역에서 사용하는 인도유러피언 언어로 '주어+동사+목적어' 순으로 되어 있다.
- 그러나 셈어로 분류되지만 함족속의 언어라 할 수 있는 히브리어는 '동사+주어+목적어' 순으로 말한다.

우리말	주어	목적어	동사
영어	주어	동사	목적어
히브리어	동사	주어	목적어

chapter 4

품사를 떼다

1. 동사

　서론에서 언급한 것처럼 히브리어는 동사로 시작되기에 동사에 중점을 둔다. 때문에 동사를 아는 것이 관건이다. 이런 점에서 동사의 형태가 우리말보다 더 발달되었다.

　동사에는 7종류가 있다. 다음 도표를 보라.

태	능동	수동	재귀
단순 행동	칼 Qal	니프알 Niphal	(니프알 Niphal)
강한 행동(강조)	피엘 Piel	푸알 Pual	히트파엘
원인적인 행동(사역)	히프일 Hiphil	호프알 Hophal	(히트파엘)

　그 의미를 다른 면에서 다음과 같이도 볼 수 있다.

– 칼 Qal	능동태, 단순한 행동
– 니프알 Niphal	중간태, 수동태, 형용사적, 재귀적
– 피엘 Piel	작위적, 결과적, 명사적, 빈도
– 푸알 Pual	작위적, 결과적, 명사적, 재귀적
– 히프일 Hiphil	사역형, 명사형, 상태적
– 호프알 Hophal	사역적, 명사적, 상태적
– 히트파엘 Hithpael	재귀적, 반복적, 수동적

동사의 종류

능동		수동
칼	**단순동사**	**니프알**
קָטַל | קָטֵל 죽었다		נִקְטַל | נִקְטֵל 죽었다
피엘	**강조동사** · 강조하다 보니 중간 글자에 점이 들어간다	**푸알**
קִטֵּל | קָטַל 살해했다		קֻטַּל | קָטַל 살해됐다
히프일	**사역동사** ה 시키는 것을 의미하듯 앞에 헤가 들어간다	**호프알**
הִקְטִיל | הִפְעִיל 죽이도록 했다		הָקְטַל | הָפְעַל 죽임 바 되었다
히트파엘	**재귀동사** ·ה ת 스스로 하게 하는 동사로 동사 어근 중간에 점	
הִתְקַטֵּל | הִתְפַּעֵל 자살했다		

간단히 다시 설명하면 동사는 능동과 수동이 있다.

단순동사를 칼 동사라고 하는데 이는 '가볍다'는 뜻을 가지고 있다. 칼의 반대는 일반적으로 '니팔'이라고 부르나 '니프알'로 알고 있어야 앞으로 배우게 될 모음 변화를 이해하기 쉽다.

단순 능동동사를 강조한 것이 피엘 동사다. 피엘 동사는 강조하다 보니 가운데 다게쉬라는 강점이 들어간다. 강조형 수동동사는 푸알이라고 한다.

누군가에게 시켜서 하게 하는 동사를 '사역동사'라고 하는데 이때는 히브리어 '헤(ה)'가 앞에 붙는다. 그래서 히프일 동사라 한다.

히프일의 수동형은 호프알이라 부른다. 스스로 무엇을 하게 하는 동사는 앞에 '헤(ה)와 타브(ת)'를 붙여서 히트파엘 동사라고 하는데 어근 중간에 강조점이 들어간다. 강조점이 들어가는 의미에서 피엘의 재귀적 용법의 하나로 보기도 한다.

예수님의 십자가 죽음을 7개의 동사로 살펴보자.

- 로마군병이 예수님을 죽였다
  (칼-카탈)
- 유대인은 예수님을 살해했다
  (피엘-키텔)
- 빌라도는 예수님 죽이게 했다
  (히프일-히크틸)

- 십자가에서 죽었다
  (니팔-니크탈)
- 예수님은 유대인에 의해
  살해되었다
  (푸알-쿠탈)
- 빌라도에 의해 죽임 바
  되었다
  (호프알-호크탈)

- 예수님을 판 가룟 유다는 자살했다.(히트파엘-히트카텔)

히브리어는 동사부터 시작하기에 동사에 강조점이 많다.

동사의 형태도 중요하지만 시제와 양상의 구분은 히브리어의 핵심이기도 하다.

히브리어는 시간 개념보다 행동의 결과를 중요시 여긴다. 그래서 과거-현재-미래의 개념보다 완료와 미완료의 개념이 강하다.

> 믿음은 바라는 것들의 실상이요 보이지 않는 것들의 증거니
> 히 11:1

믿은 것은 완료된 것이다. 그러므로 이미 이루어진 일이다.

예수님을 믿고 그분을 자기 삶의 통치자로 인정한 사람에게는 이미 천국이 이 땅에 이루어진 것이다.

앞으로 일어날 일을 믿는 것은 우리 동사 개념으로는 '아직'이지만 히브리어 개념으로는 '이미'가 된다.

> 유대인은 표적을 구하고 헬라인은 지혜를 찾으나 고전 1:22

유대인은 동사인 행동을 중요시 여기므로 논리와 시간을 중요시 여기는 헬라인보다 행동 중심적일 수밖에 없다.

동사는 중요한 만큼 복잡하다. 몇 가지 특징을 요약해 보자.

- 히브리어에는 과거-현재-미래의 형태가 없다.
- 히브리어는 행동이 완료되었느냐 안 되었느냐(미완료)에 따라 양상이 결정된다. 즉 완료형과 미완료형으로 구분한다.
- 다만 동사의 변형이 다양해서 명령형, 분사, 부정사 등의 변화도 있다.
- 성경적으로 말한다면 행동을 믿느냐 안 믿느냐에 따라 양상이 결정된다고 보는 것이 좋을 것이다. 그래서 아직 이루어지지 않은 일일지라도 확실히 이루어질 것이면 미래의 일이라도 완료형을 사용한다.
- 히브리어 동사는 각 인칭과 복수와 단수마다 붙는 접두-접미어가 다르다.
- 히브리어 완료형에 인칭과 수가 붙을 때는 뒷부분(접미)에만 붙는다.
- 미완료형에 인칭과 수가 붙을 때는 앞과 뒤 모두 붙는다. 그러므로 미완료형은 앞에 붙는 접두에 초점을 두어야 한다.
- 동사를 분해할 때는 여러 요소를 고려하여 순서대로 적어야 이해하기 편하다.

– 동사 분해를 도표로 나타내면 다음과 같다.

	태 (Stem)	양상 (Aspect)	인칭 (Person)	성 (Gender)	수 (Number)
	칼	완료(p)	1인칭	남성(m)	단수(s)
	니프알	미완료(i)	2인칭	여성(f)	복수(p)
	피엘	분사(P)	3인칭	공통(c)	
동사 (v)	푸알	명령(v)			
	히프일	절대형 부정사(a)			
	호프알	연계형 부정사(c)			
	히트파엘	수동분사(s)			

– 완료형 접미어(모두 단어 끝에 온다)

인칭	단 수		복 수	
	남성	여성	남성	여성
1	תִי		נוּ	
2	תָ	תְּ	תֶּם	תֶּן
3		הָ	וּ	

– 미완료형 접두 접미어(앞과 뒤를 모두 보라)

인칭	단 수		복 수	
	남성	여성	남성	여성
1	אֶ		נ	
2	תִּ	תִּ ִי	תִּ וּ	תִּ נָה
3	יִ	תִּ	יִ וּ	תִּ נָה

2. 명사

명사를 타는 말(수스סוּס)로 정리하면 다음과 같다.

סוּס (수말)   סוּסָה (암말)

סוּסִים   סוּסוֹת

명사의 형태를 요약하면 다음과 같다.

	남 성		여 성	
	절대형	연계형	절대형	연계형
단수	-	ְ	ָה	ַת
복수	ִים	ֵי	וֹת	וֹת
쌍수	ַמִים	ֵי	ַתִים	ֵי

- 명사에는 단수와 복수가 있다. 그러나 우리와 다른 개념은 명사에는 남성과 여성이 있다는 점이다.
- 명사는 동사와 함께 쓰일 때 성과 수가 일치해야 한다.

- 복수 명사는 복수 동사를 사용하고, 단수 남성이면 단수 남성 동사를 사용해야 한다.

- 그러므로 명사를 분석할 때는 다음과 같은 순서로 한다.

  성(남성, 여성), (연계 혹은 절대형), 수(단수, 복수)

- 연계형이 아닐 때는 절대형이라고 기록하지 않고 그대로 쓴다.

  예) 예를 들어 기본형인 אָדָם (사람)은 아담의 남성 단수다.

- 명사 앞에는 전치사나 접속사가 붙을 수 있고, 뒤에는 대명사 접미가 붙을 수 있다.

  예) וּבְכָל־נַפְשֶׁךָ

  분해하면 접속사(그리고)+전치사(안에)+명사(모두)+명사(생명)+ 대명사 접미(너의)가 합쳐진 형태가 된다.

  (→ 이 책의 뒷부분 '쉐마 이스라엘'에서 자세히 배우도록 한다.)

- 두 명사가 합성된 이름은 연계형이라는 형태로 인하여 뒷부분 모음이 자주 바뀐다.

  예) 아비나답, 브엘세바

  אָבִי (나의 아버지) + נָדַב (vqp3ms=동사-칼-완료-3인칭-단수) 〉

  이름의 명사화 〉 אֲבִינָדָב = אָבִי + נָדַב

  (※ נָדַב 자극하다, 자원하다/ 제사의 자원제사를 '네다바'라고 한다)

명사의 특징을 정리하면 다음과 같다.

- 히브리어 명사는 동사와 같이 기본형은 3개의 문자다.
- 히브리어의 명사와 동사는 모음에 따라 좌우되는 경우가 많다.
- 명사는 장모음이 2개로 이어진다. 예) אָדָם
- 그러나 동사는 장모음 1개와 단모음 1개로 이어진다. 예)נָדַב
- 명사의 성은 대부분 단어 뒤에 오는 접미 형태에 따라 결정
  된다.
- 남성 단수는 아무것도 붙지 않는다.
- 남성 복수는 ִים (임)이라는 접미 형태가 붙는다.
- 여성 단수는 ָה (아), ֵת (엩), ָת (앗) 등이 붙는다.
- 여성 복수는 וֹת (올)이 붙는다.
- 이름에 있는 명사는 주로 합성되어 나타나므로 주의하여 분
  리해 내야 한다.

3. 인칭대명사

어느 사회든 서로 간의 관계가 중요하다. 히브리어의 3인칭 관
계를 그림으로 정리해 보자.

הֵם(그들)　הוּא(그)　הִיא(그녀)　הֵן(그녀들)

אַתֶּם(너희)　אַתָּה(너)　אַתְּ(너-여자)　אַתֵּן(너희-여자)

אֲנִי(나)　אֲנַחְנוּ(우리)

4. 형용사

형용사는 명사를 수식한다. 그러므로 수식할 때는 명사의 성과 수에서 일치해야 한다. 단어 뒤에 붙는 어미 형태도 같다. 다만 히브리어는 뒤에서부터 수식한다는 사실을 잊지 말라. 다른 특징은 명사와 대동소이하다.

5. 대명사 접미

히브리어의 특징 중 하나는 명사와 동사 뒤에 접미어가 합성되어 붙는다는 점이다

이 점이 히브리어 단어를 길게 그리고 복잡하게 만든다. 특히 동사와 붙을 때는 더 그렇다. 그러나 앞에서 언급했듯이 동사나 명사의 기본 자음 3개를 먼저 찾고 그 뒤에 붙은 대명사를 보면 그 의미가 무엇인지 그리 어렵지 않게 찾을 수 있다. 대명사 접미 정리는 다음과 같다.

인칭	단 수		복 수		외우기 (꼬리부터)
	남성	여성	남성	여성	
1	ִי		ֵנוּ		이·카·에크·오·아흐·
2	ְךָ	ֵךְ	ְכֶם	ְכֶן	에누·켐·켄·암·안
3	וֹ	ָהּ	ָם	ָן	(이카드오야 누구가 하냐)

6. 불변화사 (=관사 · 전치사 · 접속사 등 어형 변화가 없는 것)

1) 정관사

관사의 기본 형태는 'הַ'이다. 다음 단어에 강조점이 들어간다.

2) 전치사

분리될 수 없는 전치사는 다음과 같다

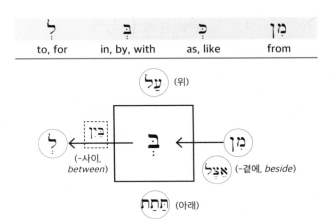

לְ	בְּ	כְּ	מִן
to, for	in, by, with	as, like	from

עַל (위)

בְּ

בֵּין (-사이, between)

לְ

מִן

אֵצֶל (-곁에, beside)

תַּחַת (아래)

3) 의문 대명사

누가(미)	언제(마타이)	무엇을(마)	어떻게(에이크)	왜(라마)	어디서(에이)
מִי	מָתַי	מָה	אֵיךְ	לָמָּה	אֵי

7. 악센트

구약성경 문서에서 가장 정통으로 여겨지는 유대인의 마소라 텍스트를 읽다 보면 우리가 배운 자음과 모음 외에 이상한 문자가 나오는 것을 본다. 필수는 아니지만 문장 이해를 위해 악센트를 알아두는 것이 좋다.

마소라 텍스트는 기본적으로 자음과 모음으로 이루어져 있다.

모음 전통을 자세히 나누면 우리가 잘 아는 모음인 니쿠드 (נִיקוּד)와 익숙하지 않은 악센트라고 번역할 수 있는 테아밈

계급	분리악센트의 명칭과 부호				
황제급 (제1급)	סִלּוּק (סוֹף פָּסוּק) 씰룩			אֶתְנַחְתָּא 에트나흐타	
왕급 (제2급)	זָקֵף קָטֹן 자켑 카톤	זָקֵף גָּדוֹל 자켑 가돌	שַׁלְשֶׁלֶת 샬쉘레트	טִפְחָא 티프하	סֶגּוֹל 쎄골
장교급 (제3급)	יְתִיב 예티브	פַּשְׁטָא 파쉬타	תְּבִיר 트비르	זַרְקָא 자르카	רְבִיעַ 르비아
신하급 (제4급)	תְּלִישָׁא גְדוֹלָה 틀리샤 그돌라		קַרְנֵי פָרָה 카르네이 파라	פָּזֵר 파제르	
	גֶּרֶשׁ 게레쉬		גֵּרְשַׁיִם 게르샤임	מֻנַּח לְגַרְמֵיהּ 무나흐 레가르메	

[표 출처] 권성달, "성경 히브리어 엑센트에 대한 고찰," 성경원문연구 제23호, 2008, 107쪽.

(טעמים)으로 이루어져 있다. 악센트는 운율, 끊어 읽기, 강세 표기라는 세 가지 기능을 가지고 있다.

악센트의 가장 중요한 기능은 '끊어 읽기'다. 악센트는 이어서 읽는 기호와 끊어서 읽는 기호로 구성되어 있다. 끊어 읽기를 통해 모호한 문장 요소들을 명확하게 구분하여 문장을 이해할 수 있게 돕는다. 다만 이 기호는 절대적인 것이 아니라 악센트를 붙인 마소라 학자들의 이해에서 연유한 것이다.

대부분의 문장은 황제급 악센트를 통해 2개로 나눠지고, 이후 왕급, 장교급, 신하급으로 나뉜다.

1. 명사

a. 엘로힘(אֱלֹהִים) = '하나님'

엘로힘에 대한 정확한 이해는 창세기 1장 26절을 볼 때 가능하다.

וַיֹּאמֶר אֱלֹהִים נַעֲשֶׂה אָדָם בְּצַלְמֵנוּ כִּדְמוּתֵנוּ

하나님이 이르시되 우리의 형상을 따라

우리의 모양대로 우리가 사람을 만들고… 창 1:26

분명히 '엘로힘'은 뒤에 '임'이 들어가므로 복수 명사다. 히브리 어는 주어 명사가 복수면 동사도 복수여야 한다. 그런데 복수 주 어에 '이르시되'라는 단수 동사를 사용하였다. 거기다 바로 이어서 나오는 하나님인 엘로힘은 '우리'라는 대명사로 받는다. 즉 복수 주어 명사를 단수 동사로 받고 또한 다음에 복수 취급하여 '우리' 라는 대명사를 사용한 것이다. 이를 볼 때 하나님은 복수이면서 단 수라는 사실을 알 수 있다.

이를 통해 우리는 삼위일체 하나님의 특성을 알 수 있다.

삼위일체 하나님은 세 분이시다. 그러나 동사를 보면 한 분이 시다. 완벽하게 세 분이시며 완전히 한 분 되시는 삼위일체 하나님 의 신비를 창세기에서부터 볼 수 있다.

b. 알마(עַלְמָה)= '처녀' 혹은 '젊은 여자'와 동음이어 '아인'

히브리어 명사는 다양한 뜻을 함축한다. 반면에 헬라어는 정확한 뜻을 품는다. 이사야 7장 14절에서 처녀가 잉태하여 아들을 낳는다고 했는데, 이때 처녀 'עַלְמָה 알마'는 젊은 여인을 총칭하는 단어다. 처녀가 될 수도 있고 새댁이 될 수도 있다. 그런데 이것을 주전 200년경에 번역된 70인경에서는 헬라어로 'παρθένος 파르테노스'라는 처녀로 번역했다.

히브리어는 단어가 적고 포괄적이기에 구전으로 전하기 쉬운 언어이지만 헬라어는 정확한 뜻을 품고 있기에 논리적인 기록에 적합하다. 하나님께서 구약을 히브리어로, 신약을 헬라어로 쓰게 하신 이유가 여기 있다. 바울은 예수님의 배경을 헬라어로 잘 표현하여 말씀을 분명하게 전하였다.

단어가 많은 뜻을 소유하거나 동음이어일 때 일어나는 현상 중 'עַיִן 아인'과 같은 단어는 보는 '눈'이라는 뜻과 물이 나오는 '샘'이라는 뜻을 가진다. 모세와 엘리사, 예수님까지 모두 첫 이적으로 물을 변화시킨다. 특별히 샘을 변화시킨다. 그것을 통하여 사람들을 믿게 한다. 눈과 샘은 같은 단어로 워드플레이 성격이 강하다. 물의 샘이 변화하면서 사람의 눈, 즉 가치관도 바뀐다.

c. אִישׁ 이쉬 '남자' אִשָּׁה 이솨 '여자'

아담이 이르되 이는 내 뼈 중의 뼈요 살 중의 살이라 이것을

남자에게서 취하였은즉 여자라 부르리라 하니라 창 2:23

이쉬(אִישׁ)와 이쇠(אִשָּׁה)는 여성형 어미 '아'(ָה)만 다르다. 그이름을 볼 때 하나님은 창조하실 때 남자와 여자의 지위를 동등하게 하셨다. 그러나 범죄 뒤에 아담이 여자의 이름을 하와라 칭하면서 주종 관계가 생겼다.

2. 불변화사

a. 창세기 1장 1절

창세기 1장 1절은 6하 원칙의 4가지를 포함한다.

태초에	하나님이	천지를	창조하시니라
언제?	누가?	무엇을?	어떻게?
מָתַי	מִי	מָה	אֵיךְ

왜(לָמָה)와 어디서(אֵי)라는 대답은 이후에 이어지는 말씀 전체가 아닐까?

b. 임마누엘 אֵל עִמָּנוּ

임마누엘은 '-함께'인 '임'(עִם)과 '하나님'을 의미하는 '엘'(אֵל)과 가운데 '우리의'에 해당되는 대명사 접미 '누'(נוּ)가 합성된 글자다.

하나님이 우리와 함께하기 위해 내려오신 분이 예수님이다. 우리가 주님께 도달하지 못하니 주님이 우리 가운데 친히 오셨다.

'임'(עִם) +	'누'(נוּ) +	'엘'(אֵל) =	임마누엘 (עִמָּנוּ אֵל)
함께	우리	하나님	하나님이 우리와 함께

참고로 히브리어에는 '있다'는 현재형 동사가 없다. 영어의 현재형 be동사는 문장을 보고 자연스럽게 넣는다. 위 문장도 '하나님이 우리와 함께'(계시다=있다)로 이해한다.

셋째 **인**

강화체

chapter 5

신명기 6장 4-5절(쉐마 이스라엘)

(2번 쉐마 이스라엘 동영상)

강화체(Discourse)는 사람들을 권하고 가르치는 문체로 모세오경의 일부, 특히 신명기와 선지서들이 이에 속한다. 이야기체(=설화체, Narrative)와 함께 성경에서 가장 많이 사용하는 문체다.

신명기 6장 4절, '쉐마 이스라엘'은 이스라엘에서 가장 유명하고 일반적인 노래이자 교훈이다. 아마 예수님도 많이 불렀을 것이다. 예수님은 최고의 계명이 무엇인지 묻는 서기관의 질문에 이렇게 대답하셨다.

> 예수께서 대답하시되 첫째는 이것이니 이스라엘아 들으라
> 주 곧 우리 하나님은 유일한 주시라 막 12:29

1. 성경가사(신명기 6:4-5)

(히브리어는 오른쪽에서 왼쪽 방향으로 읽는다. 음역도 동일 방향이다)

←

שְׁמַע יִשְׂרָאֵל יְהוָה אֱלֹהֵינוּ יְהוָה אֶחָד

드하에 이나도아 누헤로엘 이나도아 엘라스이 마쉐

율법학자가 예수님께 찾아와 최고의 계명이 무엇이냐고 물어보았을 때 주님은 이렇게 대답하셨다.

> 29 예수께서 대답하시되 첫째는 이것이니 이스라엘아 들으라 주 곧 우리 하나님은 유일한 주시라
>
> 30 네 마음을 다하고 목숨을 다하고 뜻을 다하고 힘을 다하여 주 너의 하나님을 사랑하라 하신 것이요 막 12:29-30

이 말씀이 바로 신명기 6장 4~5절의 말씀이다.

'들으라'는 말은 순종하라는 뜻을 가지고 있다.

'우리 하나님'이라는 단어에 선민사상이 들어 있어 하나님의 백성됨을 기억하게 한다. '유일한 주'라는 말 속에 유일신 신앙을 간직하게 된다.

그러므로 이 노래는 이스라엘의 정체성과 하나님을 알게 하는 첫걸음이라고 할 수 있다.

쉐마 이스라엘

쉐마   이스라 엘   아 도 나이   엘 로

헤   누 아 도 나이   에   하드 바

룩   쉠 카 보드   말 쿠

토   레 올   람   바 에드

שְׁמַע יִשְׂרָאֵל יְהוָה אֱלֹהֵינוּ יְהוָה אֶחָד

들으라 이스라엘아 여호와는 우리 하나님이요

여호와는 유일하다

בָּרוּךְ שֵׁם כְּבוֹד מַלְכוּתוֹ לְעוֹלָם וָעֶד

영광의 이름을 송축하라! 그의 왕조는 영원 영원하도다.

שְׁמַע 쉐마　　들으라
שׁ מ ע 쇠마아 '듣다'

'듣다'라는 쇠마아의 칼 남성 단수 명령형인 쉐마는 '들으라'는 말과 함께 '순종하라'는 뜻을 품고 있다. 솔로몬이 지혜를 구하는 기도를 할 때 '듣는 마음 לֵב שֹׁמֵעַ'을 구하였다. 즉 주의 말씀을 듣고 순종하는 마음을 구한 셈이다. 큰 들으심이라는 뜻을 가진 이름이 시므온 שִׁמְעוֹן 이다.

יִשְׂרָאֵל　　이스라엘
שׂ ר ה 싸라 '싸우다' + אֵל 엘 '하나님'

얍복강에서 하나님의 천사와 씨름한 후 얻은 이름은 '싸우다'라는 동사 שׂרה싸라의 칼 미완료형이다. 이 뜻을 보건대 '하나님과 겨루어 이겼다'는 의미와 '앞으로도 이길 것'이라는 지속적인 의미가 있다. 즉 야곱처럼 주님께 간절히 구하면 하나님이 져 주신다는 자비로운 약속이 숨어 있는 이름이다.

יְהֹוָה　　　?(정확한 발음 모름)
ה י ה '있다'

여호와의 어근은 출애굽기 3장 14절에서 '스스로 있는 자'와 관련 있다. 히브리어의 '존재한다'라는 과거형이 하야 동사인

데 이 동사에서 왔을 것으로 추정된다. 그런데 이 이름을 '망령되이 일컫지 말라'고 해서 주님=아도나이라고 부르게 되었다. 그래서 원래 이름에 יהוה라는 자음에 아도나이의 모음(아오아이 → '으오아'가 원래 모음)을 붙여서 읽을 때는 '아도나이'라고 읽으라고 표시해 두었다. 그러나 외국인들이 읽기 위해 모음을 붙여 놓은 יְהוָה를 그대로 읽다 보니 '여호와'라는 이름으로 하나님의 이름을 부르게 되었다.

이후에 아도나이도 가볍게 불리는 것 같아 '그분=그 이름'이라는 הַשֵׁם 이라고 부르기 시작했고 그 모음을 יהוה에 붙여 놓았다. 그래서 유대인은 יְהוָה를 보면서 주님을 '그 이름'이라고 부르려 했다. 그런데 이것도 오해를 가져와 주님의 이름을 그대로 읽어 יְהוָה '야훼'라고 불렀다.

여호와나 야훼 모두 아이러니하고 문제가 되는 이름들이다.

여호와의 이름은 어근을 추정할 뿐 정확한 이름을 알 수 없다. 수천 년간 그 이름을 정확히 부른 사람이 없기 때문이다. 그만큼 주님의 이름을 망령되이 일컫지 않으려 했던 서기관들의 모습이 여호와 경외함을 가볍게 여기는 우리에게 귀감이 된다.

אֱלֹהֵינוּ 엘로헤누   우리의 하나님

אֱלֹהִים 엘로힘+נוּ 누(우리의)

엘로힘은 엘이라는 이름과 같은 뜻이다. 다만 엘과 엘로힘은

어감에 차이가 있다. 엘을 아버지로 비유한다면 엘로힘은 아버님이라는 어감을 가진다고 할 수 있다. 뒤에 붙는 대명사 접미 '누'(=우리의)와 엘(=하나님)은 임마누엘을 생각하게 한다. 앞에서 언급한 대명사 접미표를 다시 한 번 살펴보라. 대명사 접미 '누'가 붙을 때 엘로힘이 엘로헤로 바뀌었다. 무엇인가 엘로힘 뒤에 이어질 때는 '임'자가 순장모음 '에'로 바뀐다. 이름 중에 야곱이 세겜에서 제단을 쌓고 지은 이름을 기억하라.

거기에 제단을 쌓고 그 이름을 엘-엘로헤-이스라엘

אֵל אֱלֹהֵי יִשְׂרָאֵל 이라 불렀더라 창 33:20

'하나님, 야곱의 하나님'이라는 뜻은 결국 '하나님, 나의 하나님'이라는 뜻이다. 나의 하나님, 우리의 하나님 되신 주님을 노래하자.

אֶחָד 에하드   하나:1

성경에는 많은 숫자가 등장한다. 첫 숫자인 에하드는 '1'이라는 뜻이고 '2'라는 숫자는 이름 중에 등장하지 않는데 둘을 말할 때는 명사 뒤에 '아임'이라는 모음과 자음을 붙여 쌍수를 표시했기 때문이다. 마하나임, 기랴다임 등이 그런 예다.

숫자 '4'는 헤브론의 또 다른 이름인 '기럇 아르바'의 아르바이며 일곱은 브엘세바의 '쉐바'다.

←

וָעֶד	לְעוֹלָם	מַלְכוּתוֹ	כְּבוֹד	שֵׁם	בָּרוּךְ
드에바	람올레	토쿠말	드보카	쉠	룩바
영원히&	영원까지	그의 왕조	영광	이름	송축하라

영광의 이름을 송축하라! 그의 왕조는 영원 영원하도다.

בָּרוּךְ 바룩　　　　**송축하라**

בָּרַךְ 바라크 '축복하다'

네리야의 아들 바룩(בָּרוּךְ 복된, 칼-수동-분사)(렘 36:4), 여호사밧이 전쟁에서 승리한 후 찬양한 브라가(בְּרָכָה 축복) 골짜기(대하 20:26)는 주로 피엘 동사로 사용되는 '바라크'의 변화형이다.

바라크가 베레카가 되면 '저수지, 수영장'이 된다. 물이 귀한 이스라엘에서 움푹 팬 곳에 모이는 물을 보면서 축복과 연관시켰다. 움푹 팬 곳에 축복이 온다. 더 낮아지고 가난한 마음, 겸손한 마음에 주님의 축복이 부어진다. "심령이 가난한 자는 복이 있나니…."

שֵׁם 쉠   이름

세 아들을 낳았으니 셈 שֵׁם 과 함과 야벳이라 창 6:10

이름 혹은 명성이라는 뜻을 가진 쉠(셈)은 이어지는 창세기의 키워드가 되기도 한다. 사람들은 자기 이름(셈)을 내기 위해 바벨탑을 쌓지만 하나님은 그것을 무너뜨리고 주님의 이름을 내려는 아브람의 이름을 높이신다.

כָּבוֹד 카보드   영광
כבד '무겁다, 영광스럽다'

영광과 무거움이 연관된다. 영광은 하나님의 말씀을 신중히 받아들여 그것을 이 땅에 성취한 상태를 의미한다. 주님께 영광 돌리는 것은 주님이 원하시는 뜻을 이 땅에 실현하는 상태를 의미한다.

מַלְכוּתוֹ 말쿠토   그의 왕조
מַלְכוּת '왕조'+וֹ 오 '그의'

말쿠토는 '다스리다'라는 מלך 말라크에서 온 명사다. 대명사 접미 נוּ 누(우리의)에 이어 이제는 '그의'를 배운 셈이다.

לְעוֹלָם 레올람   영원까지

לְ 레 '까지' + עוֹלָם 올람 '영원'

וָעֶד 바에드   그리고 영원까지

וָ 바 '그리고'+עַד 에드(부사로는 -까지, 명사로는 영원, 불멸)

'그리고'라는 베는 모음이 앞에 오는 글자와 변화에 따라 וָ 베, 혹은 וָ 바, וּ 우로 바뀔 수 있다. 다음 신명기 6장 5절을 보라.

4. 신명기 6장 5절 연구

너는 마음을 다하고 뜻을 다하고 힘을 다하여

네 하나님 여호와를 사랑하라 신 6:5

וְאָהַבְתָּ אֵת יְהוָה אֱלֹהֶיךָ בְּכָל־לְבָבְךָ

카베바레 콜베 카헤로엘 이나도아 엘 타베하아베

וּבְכָל־נַפְשְׁךָ וּבְכָל־מְאֹדֶךָ

카데오메 콜베우 카쉐프나 콜베우

단어 연구

וְאָהַבְתָּ   베아하브타   그리고 너는 사랑하였다

וְ 베 + אהב 아하브(사랑하다 완료형)

אֵת   엩   -을

אֱלֹהֶיךָ	엘로헤카	너의 하나님 엘로힘+카(너의)

בְּכָל	베콜	모든 것에
	ב 베(-안에) + כֹּל 콜(모두)	

לְבָבְךָ	레바베카	너의 마음
	לְבָב 레바브(마음) + ךָ 카(너의)	

וּבְכָל	우베콜	그리고 모든 것의
	וְ 우(그리고) + בְּכָל 베콜(모든 것에)	

נַפְשְׁךָ	나프쉐카	너의 생명
	נֶפֶשׁ 네페쉬(호흡, 생명) + ךָ 카(너의)	

מְאֹדֶךָ	메오데카	너의 힘
	מְאֹד 메오드(매우, 힘) + ךָ 카(너의)	

단어 요약

단어		이름	
שָׁמַע	듣다	שְׁמַע	쉐마
היה	있다	יְהוָה	아도나이

שָׂרָה	싸우다	יִשְׂרָאֵל	이스라엘
אֱלֹהִים	하나님	אֱלֹהֵינוּ	엘로헤누
אֶחָד	하나, 1		에하드
בָּרַךְ	축복하다	בָּרוּךְ	바룩
כבד	무겁다, 영광스럽다	כָּבוֹד	카보드
מַלְכוּת	왕조	מַלְכוּתוֹ	말쿠토
עוֹלָם	영원	לְעוֹלָם	레올람
עַד	-까지, 영원, 불멸	וָעֶד	바에드
כֹּל	모두	בְּכָל	베콜
לֵבָב	마음	לְבָבְךָ	레바브카
נֶפֶשׁ	호흡, 생명	נַפְשְׁךָ	나프쉐카
מְאֹד	매우, 힘	מְאֹדֶךָ	메오데카
אהב	'사랑하다' 완료형	וְאָהַבְתָּ	베아하브타
אֵת	-을		엘

성경
속으로

1. 여호와(יהוה)

하나님의 이름을 너무 거룩히 여겼던 서기관들은 하나님의 이름이 훼손되는 것을 허락지 않았다. 그래서 쿰란에서 성경을 필사할 때 여호와의 이름이 나오면 목욕재계까지 하면서 한 글자를 썼다고 한다. 그 한 예로 나봇의 포도원 사건을 보라.

> 때에 불량자 두 사람이 들어와 그의 앞에 앉고 백성 앞에서
> 나봇에게 대하여 증언을 하여 이르기를 <u>나봇이 하나님과 왕
> 을 저주하였다</u> 하매 무리가 그를 성읍 밖으로 끌고 나가서
> 돌로 쳐 죽이고 왕상 21:13

나봇이 죽임 당한 신성모독죄는 예수님을 죽인 죄목과 같다고 할 수 있다. 그런데 위 본문에 밑줄 친 부분은 원문에 이렇게 기록되어 있다.

$$\text{בֵּרַךְ נָבוֹת אֱלֹהִים וָמֶלֶךְ}$$
나봇이 하나님과 왕을 송축했다.

서기관들은 하나님을 저주하였다는 말 대신에 반대 말을 적어 놓아 문맥상에서 이해하도록 하였다. 도저히 자신의 손으로 하나님을 저주했다는 글을 적을 수 없었던 것이다.

이런 흐름 때문에 하나님의 이름을 부르는 것을 두렵게 여겨 '아도나이' 즉 '주님'이라는 말로 표현해 놓았다. 대부분의 영어 번역도 이런 의도를 살려 주님이라는 'LORD'로 번역했다. 그냥 주인과 다른 대문자로 써서 그분이 바로 하나님이신 יהוה임을 알려 주려는 의도다.

넷째 인

이야기체

chapter 6

창세기 1장 1절(베레쉬트)

(3번 베레쉬트 동영상)

　이야기체(Narrative)는 성경의 가장 일반적인 문체로서 역사서나 선지서의 대부분이 이를 사용하였다.

　창세기 1장 1절을 전통적으로 부르는 노래를 찾기 힘들다. 차라리 그냥 외우는 것이 더 나을 수도 있다. 부록(p. 167) 2번과 6번 사이트에 가서 랍비가 원어로 읽는 음을 듣고 흉내 내려고 해 보라. 그 후에 노래의 일부분을 불러 보는 것도 좋을 듯하다.

1. 성경가사(창세기 1:1)

(히브리어는 오른쪽에서 왼쪽 방향으로 읽는다. 음역도 동일 방향이다)

←

בְּרֵאשִׁית בָּרָא אֱלֹהִים אֵת הַשָּׁמַיִם וְאֵת הָאָרֶץ

쯔레아하	엘베	임마쇠하	엘	힘로엘	라바	트쉬레베
그 땅	을	그 하늘	-을	하나님	창조하다	태초에

태초에	창조하다	하나님이	-을 그 하늘	그리고	-을 그 땅
전치사구	동사	주어	목적어 1	접속사	목적어 2

태초에 하나님이 그 하늘과 그 땅을 창조했다.

베레쉬트(창세기 1장 1절)

베레쉬 트 바라엘로힘 옡하솨 마 임

옡하솨 마 임 베엩 하아 레츠

בְּרֵאשִׁית 베레쉬트 태초에

בְּ 베(전치사 in)+ 레쉬트(태초, 처음=머리인 רֹאשׁ 로쉬에서 유래)

불분리 전치사 '베'가 명사 앞에 붙어 있는데 이와 같이 명사
와 붙어 있는 전치사는 다음과 같은 종류가 있다.

לְ	בְּ	כְּ	מִן
-까지, -에게	-에, -안에	-같이	-부터

רֹאשׁ 로쉬　　　　　머리

베냐민의 아들 곧 벨라와 베겔과 아스벨과 게라와 나아만과
에히와 로스 רֹאשׁ 머리 와 뭅빔과 훕빔과 아릇이니 창 46:21

블레셋과 전쟁하여 언약궤를 뺏긴 곳인 아벡은 현대 지명이
'로쉬 하아인'(רֹאשׁ הָעַיִן)이다. '그 샘(하 아인)의 머리(로쉬)'라
는 뜻이다. 히브리어 로쉬는 '머리, 수장, 근원' 등 다양한 뜻
으로 번역된다.

בָּרָא 바라　　　　　창조하다
칼-완료형-3인칭-남성-단수

세 개 글자로 된 동사는 위와 같이 3인칭 남성 단수형을 원형
으로 친다.

과거 왕이나 신이 기준이 된 시대에 글을 쓰다 보니 1인칭이
아닌 3인칭이 기준이 된 듯하다. 동사 원형은 3인칭 남성 단
수라는 점을 명심하라.

동사의 원형은 '아(ָ)+아(ַ)' 발음하는 것이 일반적이다. 뒤에
있는 '아'는 원래 단모음 '아'(ַ)이지만 위와 같이 후음이 나
올 때는 변화를 일으켜 장모음 '아'(ָ)가 되었다.

אֱלֹהִים 엘로힘   하나님

하나님은 '엘'로 표현되나 하나님을 '엘'로 부를 때 '아버지' 같은 어감이라면 엘로힘은 '아버님' 같은 어감이다. 장엄형을 표현할 때 복수형을 쓰기도 한다.

אֵת 엩   -을

목적격 전치사로 뒤에 목적어를 받는다.

הַשָּׁמַיִם 하솨마임   그 하늘

정관사 ה 하+하늘 שָׁמַיִם 솨마임

'그'라는 정관사 하 + 하늘이라는 솨마임. 솨마임은 끝이 쌍수형으로 '아임'을 취한다. 히브리인에게 하늘은 복수 개념이었던 것 같다. 마임은 물이라는 뜻이 있고, 쉰은 쉬니, 쉬타임이 둘이라는 뜻이기에 두 개의 하늘을 말하는 듯하다. 사도 바울이 삼층천을 갔다왔다는 것도 이와 관련된 의미가 아닐까?

וְאֵת 베 엩   '그리고' + '-을'

접속사 ו 베+목적격 부사 אֵת 엩

히브리어에서는 연결 접속사와 전치사가 이런 형태로 붙기도 한다.

הָאָרֶץ 하아레쯔   그 땅

ה(정관사)하 + אֶרֶץ 에레쯔 '땅'

정관사 ה하는 뒤에 강조점을 동반한다. 그래서 הַשָּׁמַיִם하솨마
임에서 שׁ 쉰 앞에 강조점이 있다. 아레쯔의 앞이 후음이라서
모음의 변화로 강조를 표현했다. 원래 땅은 에레쯔이지만 정
관사 '하'와 강조점이 함께하면서 아레쯔가 되었다.

부사구인 베레쉬트(태초에)가 맨앞에 나온 것은 강조를 위함
이다. 원래 가장 뒤에 나오는 것이 일반적 표현이다.

일반적인 히브리어 문장으로 꾸미면 다음과 같다.

　　창조했다 하나님이 그 하늘과 그 땅을 태초에

이 문장을 보고 히브리어 감각을 익혀 가기 바란다.

4. 단어 요약

단어	이름	단어	이름
רֹאשׁ	머리	בְּרֵאשִׁית	'베레쉬트' 태초에
בָּרָא	창조하다	אֱלֹהִים	하나님
אֵת	-을	וְ	'그리고, 그러나'
שָׁמַיִם	하늘		
אֶרֶץ	땅	ה	그(정관사)

chapter 7

동사구문

이야기체의 구문 특징을 알 수 있는 좋은 기회다. 히브리어는 순서도 중요하지만 동사의 용법이 상당히 중요하다. 동사를 먼저 말하는 히브리어는 동사의 반복이 중요하다.

한 절에 동사가 많이 나오면 강조하는 부분이 있다는 뜻이다. 아브라함이 이삭을 드리는 장면을 보면 연속적인 동작이 계속 일어나는데 그로써 그 부분이 최고 절정임을 알 수 있다. 연속되는 장면을 잘 보여 주는 용법이 '바브 연속법'이다.

1. 바브 연속법

- 바브 연속법이란 연결 동작이 계속해서 일어날 때 동사들을 모두 접속사 'ו'(와우 혹은 바브)로 연결시키는 방법을 말한다. 히브리어는 주로 단문으로 계속 이어지면서 이야기가 진행되는데 그 이야기가 지속되는 상태를 바브 연속법을 통해 보여 준다.
- 이야기가 지속될 때 특이하게도 'ו' 다음의 동사가 완료는 미완료로, 미완료는 완료로 양상(樣相) 형태가 뒤바뀐다.

- 그러나 해석은 앞의 동사와 동일한 양상으로 해석한다.
- 연속 동작이 아닐 때는 양상이 뒤바뀌지 않는다.
- 바브 연속법의 예

　① 미완료형A + ㄱ 완료형B + ㄱ 완료형C

　　→A할 것이고 B할 것이고 C할 것이다.

　② 완료형A + ㄱ 미완료형B + ㄱ 미완료형C…

　　→A하였고 B하였고 C하였다.

- 바브 연속법은 문장의 주요 흐름을 아는 데 매우 중요하다.
- 바브 연속법에 사용하는 동사만 나열해도 강조점이 어디 있
  는지 알 수 있다.
- 바브 연속법에서는 짧은 시간에 많은 동사로 묘사하는 곳이
  문장의 절정 부분이라 할 수 있다.

히브리어 동사의 용법 중 '바브 연속법'을 배우면 이 부분을 더 명확하게 이해하여 성경에서 강조하려는 부분이 무엇인지를 알 수 있다.

1. 창세기 1:1-5

다음 창세기 1장 1~5절을 읽어 보라. 뜻을 모르더라도 자주 읽

어서 익숙하게 만들어 보라. 그리고 바브 연속법이 있는 곳과 그렇지 않은 부분이 어디인지 찾아보라.

בְּרֵאשִׁית 1
בָּרָא אֱלֹהִים אֵת הַשָּׁמַיִם וְאֵת הָאָרֶץ׃
וְהָאָרֶץ הָיְתָה תֹהוּ וָבֹהוּ וְחֹשֶׁךְ עַל־פְּנֵי תְהוֹם 2
וְרוּחַ אֱלֹהִים מְרַחֶפֶת עַל־פְּנֵי הַמָּיִם׃
וַיֹּאמֶר אֱלֹהִים יְהִי אוֹר וַיְהִי־אוֹר׃ 3
וַיַּרְא אֱלֹהִים אֶת־הָאוֹר כִּי־טוֹב 4
וַיַּבְדֵּל אֱלֹהִים בֵּין הָאוֹר וּבֵין הַחֹשֶׁךְ׃
וַיִּקְרָא אֱלֹהִים לָאוֹר יוֹם וְלַחֹשֶׁךְ קָרָא לַיְלָה 5
וַיְהִי־עֶרֶב
וַיְהִי־בֹקֶר יוֹם אֶחָד׃ פ

바브 연속법이 1절에서 시작되었으나 2절에서 창조 상황을 설명하느라 바브 연속법이 중단된다. 구문론에서 이 부분을 오프라인이라고 한다. 메인라인인 바브 연속법은 3절, 4절, 5절 앞부분의 동사를 보면 알 수 있다. 뜻을 몰라도 바브가 앞에 있고 모두 미완료형 어미인 요드가 앞에 있는 것을 보아 바브 연속법으로 연결되고 있음을 알 수 있다. 이 부분을 한글로 표현하면 다음과 같다.

1 태초에

하나님이 천지를 창조하시니라(**창조했다**)

2 땅이 혼돈하고 공허하며 흑암이 깊음 위에 있고

하나님의 영은 수면 위에 운행하시니라

3 하나님이 이르시되(**말했다**)

빛이 있으라 하시니 빛이 있었고

4 빛이 하나님이 보시기에 좋았더라(**보았다**)

하나님이 빛과 어둠을 나누사

5 하나님이 빛을 낮이라 부르시고 어둠을

밤이라 부르시니라(**불렀다**)

저녁이 되고 아침이 되니(*되었다*) 이는 첫째 날이니라(*되었다*)

창 1:1-5

오른쪽 진한 괄호 안에 있는 동사가 바브 연속법으로 된 메인라인이다. 이 글을 따라 읽으면 스토리의 진행 상황을 알 수 있다. 그 외의 동사들은 이 이야기를 보조 설명하고 있다.

창조하셨다 – 말씀하셨다 – 보셨다 – 일컬었다.

2. 창세기 22장

이야기체는 주로 과거의 이야기를 서술한다. 그렇다 보니 처음에는 완료가 나오고 바브 연속법으로 미완료가 계속되면서 행동의

연속성을 보여 준다. 창세기 1장 1절에서 2절로 이어지는 부분에
서도 바브 연속법을 보여 주지만 아브라함이 이삭을 드리는 장면
은 그 부분을 더 잘 보여 주고 있다.

9 하나님이 그에게 일러 주신 곳에 이른지라 (왔다)

이에 아브라함이 그 곳에 제단을 쌓고 (쌓다)

나무를 벌여 놓고 (놓다)

그의 아들 이삭을 결박하여 (묶다)

제단 나무 위에 놓고 (두다)

10 손을 내밀어 (뻗다)

칼을 잡고 (잡다)

그 아들을 잡으려 하니

창 22:9-10

간단하게 '아브라함이 아들 이삭을 죽이려 하니…' 하면 끝날
사건을 동사를 7개나 동원하면서 슬로비디오처럼 그 장면을 묘사
하고 있다. 짧은 시간에 많은 동사를 사용하여 각 동작들을 자세히
표현함으로써 그 부분이 절정임을 보여 주고 있다.

다섯째 인

시편 133편(히네 마 토브)

(4번 히네 마 토브 동영상)

시는 그 민족의 정서가 녹아 압축되어 있는 문학이다. 그러므로 번역이 불가한 부분이 많다. 아무리 번역을 잘한다고 해도 그 시가 가진 함축적인 의미 중 한 가지 정도밖에 표현할 수 없다. 시편 133편을 보면 운율과 어법을 통하여 전달하고자 하는 바를 번역하기가 참 힘들다는 것을 알 수 있다.

> 보라 형제가 연합하여 동거함이 어찌 그리 선하고 아름다운
> 고 시 133:1

1. 성경가사

הִנֵּה מַה־טּוֹב וּמַה־נָּעִים שֶׁבֶת אַחִים גַּם־יָחַד

드하야- 감　힘아　벤쒜　임나 마우　브토 마 네히

함께 또한 형제들 거함 아름다움 무엇& 선함 무엇 보라

보라 무엇이 선한가? 그리고 무엇이 아름다운가?

형제들이 이렇게 함께함이 아닌가?

히네마토브

הִנֵּה 히네 - 보라

해석하기 힘든 단어로, 무엇인가 주위를 환기시킬 때 사용되는 단어다.

'보다'라는 '라아' 동사와 혼동하지 마라. 이것은 '보다'는 의미보다 '자-' 혹은 '주목!'이라는 의미가 강하다.

מַה **마** 무엇?

다시 육하원칙에 사용되는 의문사들을 알아보자.

누가 (미)	언제 (마타이)	무엇을 (마)	어떻게 (에이크)	왜 (라마)	어디서 (에이)
מִי	מָתַי	מָה	אֵיךְ	לָמָּה	אֵי

טוֹב **토브-** 좋은, 선한

שֶׁבֶת **쉐벧-** 동거, 거함
יָשׁב '거주하다, 앉다'의 칼 부정사형

<u>요스브가사</u>(ה)(יָשָׁב בַּקָּשָׁה 어려운 곳에 거하는 자(대상 25:4)))는 '야솨브'의 능동 분사로 '거주자'라는 뜻을 가지며 '가사'는 카솨, 즉 '어려운'(여성 단수)이라는 뜻으로 보아 힘든 상황에서 찬양했던 사람이다.

נָעִים **나임-** 아름다움, 기쁨

'나오미נָעֳמִי'는 여호와의 기쁨이라는 뜻이다. 그가 기쁨이 사라졌을 때 그의 이름을 바꿔 부르라고 말한다(룻 1:20).

אַחִים 아힘- 형제들

אָח 아흐 형제의 복수형이다.

יַחַד 야하드- 함께, 연합

성경 속으로

    시는 그 민족의 감정이 녹아 있는 집성물이다. 그러므로 그 언어와 문화를 알지 못하면 제대로 이해하기 힘들다. 시편 133편 1절은 현대에도 너무 다양한 형태로 불리고 있어 히브리 문화의 다양성을 느낄 수 있는 시다. 우리나라 시조처럼 운율을 따라가다 보면 조금이나마 그들의 분위기와 감정을 읽을 수 있다.

    히브리어 시는 주로 한 절에 두 부분으로 나누어져 있다.

    '히네 마 토브'도 두 부분으로 나누는데 그 부분에 '아트나'라 부르는 'v'자 모양을 거꾸로 놓은 모양이 있다. 물론 다른 본문에도 나오지만 시에서는 이 구분점이 앞과 뒤의 운율을 따라가는 데 중요하다.

שִׁיר הַמַּעֲלוֹת לְדָוִד

הִנֵּה מַה־טּוֹב וּמַה־נָּעִים שֶׁבֶת אַחִים גַּם־יָחַד

chapter 9

아가서(콜 도디)

(5번 콜 도디 동영상)

노래 중에 노래(Song of Songs)로 불리는 성경이 솔로몬의 아가서다.

예수님을 그리스도로 영접한 현대 메시아닉 쥬(Messianic Jew)들이
신랑 되신 사랑의 주님 오심을 바라면서 부르는 멋진 찬양인 아가
서 2장 8절의 '콜 도디'를 통해서도 그들의 감정을 느낄 수 있다.

קוֹל דּוֹדִי הִנֵּה־זֶה בָּא

내 사랑하는 자(도디)의 목소리로구나(콜) 보라 그가 온다.

מְדַלֵּג עַל־הֶהָרִים מְקַפֵּץ עַל־הַגְּבָעוֹת

산(헤-하림) 위를 달리고(메달레그) 작은 산(하-그바옷)을 넘는다(메카페쯔)

아 2:8

דּוֹמֶה דוֹדִי לִצְבִי אוֹ לְעֹפֶר הָאַיָּלִים

내 사랑하는 자는 사슴과도(리-쯔비) 같고(도메) 어린 사슴과도 같아서

עוֹמֵד אַחַר כָּתְלֵנוּ מַשְׁגִּיחַ מִן־הַחַלֹּנוֹת מֵצִיץ מִן־הַחֲרַכִּים
הִנֵּה־זֶה

우리 벽 뒤에 서서 창으로 들여다보며 창살 틈으로 엿보는구나   아 2:9

콜 도디

קוֹל דּוֹדִי
콜(소리) 도디(도드=삼촌, 애인, 다바드=사랑하
다≒다윗과 같은 어근, 대명사 접미사인 '이'='나
의'='여호와의')
내 사랑하는 자의 소리다.

הִנֵּה־זֶה בָּא
히네(보라) 제(이것) 바(오다) x2
보라 그가 오고 있다.

אֲנִי שֹׁמֵעַ
아니(나는) 쇼메아
(듣는다,= שָׁמַע 솨마아=듣다)
나는 듣고 있다.

אֵת קוֹל דּוֹדִי
엩(-을) 콜 도디
내 사랑하는 자의 소리를-

מְדַלֵּג עַל־הֶהָרִים
메달레그(넘고 있다, 달라그=넘다) 알(위) 헤
하림(그 산들, 하르=산)
그 산들을 넘고 있구나

מְקַפֵּץ עַל־הַגְּבָעוֹת
메카페쯔(뛰고 있다, 카파쯔=뛰다)
하그바옷(그 언덕들, 가보아=높은곳)

106

דּוֹמֶה דוֹדִי לִצְבִי

도메(-같은) 도디(내 사랑하는 자)

리쯔비(사슴에게, 사슴=쯔비)

내 사랑하는 자는 사슴과도 같아라

הִנֵּה־זֶה בָּא

히네(보라) 제(이것) 바(오다) x2

보라 그가 오고 있다.

여섯째 인

성경 이름으로 배우는 히브리 단어

chapter 10

성경책 이름과 창세기 이름 분석

언어는 기초 구조를 알고 나면 얼마나 많은 어휘를 아느냐에 따라 그 언어의 풍성함이 결정된다. 우리가 성경을 읽지만 이름은 해석할 수 없어서 그대로 읽게 되는데 성경에 기록된 3600개나 되는 히브리 이름을 알게 되면 성경을 읽는 데 불편함이 없어진다.

어렵고 의미 없게 여겨지는 지명과 인명을 통해 히브리어를 쉽게 획득할 수 있다. 그중 우리가 이미 암기하고 잘 알고 있는 단어부터 해독하면서 단어를 알아 가자. 하나님이 숨겨 놓은 비밀을 알아 가는 재미를 느껴 보라. 앞으로 이어질 성경 저자의 이름과 창세기의 이름 일부에서 찾는 비밀 코드는 성경을 보는 재미와 깊이를 더하게 될 것이다.

앞에서 문법과 노래를 통해 히브리어 구조를 알았다면 단어를 분석하는 데 그리 힘들지 않겠지만 이 분석은 단숨에 되는 것은 아니다. 그러므로 다음에 분석법을 개괄한다.

다만 분석법에 의존하지 말고 그 이름 안에 있는 자음에 집중하여 그런 단어가 있다는 사실에 의미를 두라. 그리고 단어를 익히는 데 힘써 보라.

자, 이름을 다음 순서대로 분석해 보자.

1) 자음만 보라

사실 위에서 말한 기본 특징이 엄밀히 따지자면 모두 맞는 것은 아니다. 이것은 막 히브리어를 시작하는 사람들을 위한 기본 안내일 뿐이다. 히브리어의 특징을 말하려면 결국 문법을 다 공부해야 한다는 결론이 나오게 된다. 따라서 이름을 분해하며 히브리어를 배우려는 단계에서는 1)번을 꼭 명심하고 있어야 한다.

처음 히브리어를 배우는 사람들은 이름을 들었을 때 모음은 제외하고 자음만 머리에 그리는 연습을 자주 해야 한다.

예를 들어 '벧-엘'을 생각해 보자.

조금 어색하지만 '벧엘'이라는 이름에서 모음을 다 제하여 보라.

<분석>

벧엘 ㅂ ㄷ ㅇ ㄹ

- ㅂ(ב) ㄷ(ת) ㅇ(א) ㄹ(ל)
- 순서를 단어별로 정리하면 אל־בת
- 완성하면: בית־אל

(*참고: 영어에 익숙한 사람이라면 영어 단어를 보고 하는 것이 이해하기 쉽다. 왜냐하면 우리 말 '이'는 영어에서는 'y'와 'i'로 분리할 수 있어 위 작업인 '벧'을 בית로 표기하여 모음형 자음인 'y'를 사용해 더 정확한 단어를 알 수 있다. 그러나 모음은 한글이 더 발달해 있다.)

בֵּית־אֵל 에서 벧은 바일(בֵּית)에서 왔다. 엘(אֵל)이 붙으면서 모음이 변화한 것이다. 이렇게 자음은 거의 변하지 않지만 모음은 위치에 따라서 쉽게 변한다.

히브리어 기초 지식이 별로 없는 분들은 시작부터 자음에 주의를 기울이라. 그러면서 이름의 자음 원형을 찾아 그 본래 뜻을 추적하여 보라. 생각보다 히브리어는 어휘가 풍부한 언어가 아니다. 하나의 단어를 다양하게 이용하여 여러 가지 의미로 사용하곤 한다.

이런 자음을 중심한 원형을 가지고 다양한 어휘를 구사하는 것은 히브리어 시에서 극치를 이룬다.

하나의 원형이 동사, 명사, 형용사 등으로 변화되어 시의 묘미를 더하기도 한다.

2) 어근을 찾아라

히브리어로 성경을 읽으려면 단어를 알아야 한다. 그리고 단어의 어근은 대부분 3문자(ㅁㅁㅁ)로 되어 있다.

문제는 히브리어 동사건 명사건 원형의 전후에 많은 접두, 접미어가 붙어 있다는 점이다. 이는 동사의 변화, 형태, 성, 수를 나타내는 특징이나 무엇보다 의미를 알아내는 것이 중요하다.

그것은 어근만으로도 가능하다.

이 어근은 자음으로 알아내야 한다. 어근을 빼내는 연습은 이름뿐 아니라 성경을 읽는 데도 필수적이다. 이 연습만 잘되면 성경을 읽는 데 많은 도움이 될 것이다.

자세한 분해 방법은 본론에 들어가서 알아보기로 하자.

먼저 쉽게 할 수 있는 어휘부터 분해를 시작하자.

명사를 분해하는 것이 동사보다 쉽다. 그러나 위에서 언급하였듯이 자음에 초점을 맞추면 그리 어려운 것도 아니다.

※ 주의사항

원어의 자음 발음과 한글성경의 지명에는 차이가 많다.

1) 개역성경은 원어를 번역할 때 격음을 모두 피하였다.

　예) ㅋ → ㄱ, ㅌ → ㄷ, ㅍ → ㅂ

　그러므로 정확한 발음을 알기 위해서는 원어를 보거나 영어의 자음을 보아야 한다. 모음은 우리말 성경이 더 유익하다.

2) 영어의 [e]발음은 가끔 [으]로 번역되었다. 이는 '히브리어 쉐바[ְ] 앞에서는 약한 [에] 발음이 나고 단어의 중간에서는 [으] 발음이 난다'를 어떻게 받아들였느냐에서 온 차이이다.

3) 격음이 뒤에 발음되면 대개 [ㅅ] 발음 처리하였다.

예) בֵּית (beith) > 벧 혹은 벳

---

2. 성경책 이름에서 배우는 히브리 단어

성경책 이름을 통해 히브리어를 배워 보자. 번역할 때 창세기, 출애굽기 등은 우리말로 번역하고, 레위기, 사무엘서 등 일부는 히브리어 이름을 그대로 썼다. 우리에게 익숙한 성경책 이름을 분석하여 히브리 단어를 배워 보기로 한다. ◆

성경책 이름	히브리어 명	어근(뜻)
레위기	לֵוִי	לוה '연합하다'

'연합된'이라는 뜻을 가진 레위는 לוה '연합하다'라는 어근에서 유래하였다. 참고로 라바의 여성 단수 명령형은 לְוִי 레비(레위)다.

לְוִי가 이 형태에서 온 것이라면 레아가 '연합하라!'고 외친 셈이다.

여호수아	יְהוֹשֻׁעַ	ישע '구원하다'

아들을 낳으리니 이름을 예수 예수아=여호수아 라 하라
이는 그가 자기 백성을 그들의 죄에서 구원할 자이심이라 하니라 마 1:21

여호수아는 예수아, 호세아 등과 같은 뜻으로 '여호와는 구원이시다'라는 뜻이다. יהוה여호와의 약자인 יְהוֹ여호와, '구원하다'라는 뜻을 가진 ישע야솨가 합쳐진 이름이다. יֵשׁוּעַ 야슈아는 수동분사로 '구원된'으로 명사화되어 '여호와는 구원이다'라는 뜻을 가진 것으로 보인다. 여호와의 약자 יְהוֹ와 구원하다는 야솨를 어근으로 한다.

2006년 1월 28일에 소천한 대(大)랍비 이쯔하크 카두리는 자신의 유언을 1년 뒤에 열어 보라고 했다. 공개된 그의 유언에는 'מָשִׁיחַ יְהוֹשֻׁעַ 메시아 여호수아'라고 적혀 있었다. 여호수아는 신약에서 '예수'와 같은 뜻이다. 그러므로 '예수는 메시아'라는 뜻이 된다.

룻기	רוּת	רָאָה '보다'

룻은 '드러남, 아름다움'이라는 뜻으로 '보다'라는 뜻을 가진 רָאָה 라아에서 유래한 것으로 본다. 여호와 이레 등도 이 단어에서 왔다.

사무엘상	שְׁמוּאֵל	שָׁמַע '듣다' + אֵל '하나님'

사무엘하	שְׁמוּאֵל	שֵׁם '이름' + אֵל '하나님'

한나가 임신하고 때가 이르매 아들을 낳아 사무엘 שְׁמוּאֵל 하나님의 이름 이라 이름하였으니 이는 내가 여호와께 그를 구하였다 함이더라 삼상 1:20

사무엘이라는 이름은 '하나님의 이름' 혹은 '하나님의 들으심'이라는 뜻이다. 뒤따르는 문장에 의하면 '듣다'인 שָׁמַע 쉐마아와 하나님인 אֵל 엘의 합성어다. 그러나 BDB(히브리어 사전)는 그 자체만을 보아 이름이라는 שֵׁם 쉠과 하나님이라는 אֵל 엘의 합성어로 본다.

에스라	עֶזְרָא	עזר '돕다'

에스라는 '그 도움'이라는 뜻으로 '돕다'라는 뜻을 가진 עזר 아자르에서 온 이름이다. 이름 뒤에 붙은 알렙은 아람어에서 정관사 'the'를 붙일 때 사용된다. 엘리에셀, 에벤에셀 등이 이 어근을 가진다.

느헤미야	נְחֶמְיָה	נחם '위로하다' + יהוה '여호와'

느헤미야는 '여호와가 위로하신다'라는 뜻으로 '위로하다'라는 뜻의 נחם 나함과 여호와의 약자 יָה 야에서 유래한 이름이다. 선지자 나훔과 같은 어근을 가진다. 신약의 가버나움도 '위로의 마을'이라는 뜻으로 같은 어근인 나함(נחם)을 가진다.

에스더	אֶסְתֵּר	(페르시아어)

에스더의 원래 이름인 הֲדַסָּה 하닷사는 'myrtle(도금향)'이라는 뜻이다.

욥기	אִיּוֹב	אָיַב '대적하다'

우스 땅에 욥 אִיּוֹב 이라 불리는 사람이 있었는데 그 사람은 온전하고 정직하여 하나님을 경외하며 악에서 떠난 자더라
욥 1:1

욥이라는 이름은 אָיַב 아야브라는 대적하다, 핍박하다는 동사에서 나온 단어로 '대적자, 핍박자'라는 뜻이다. 왜 이런 이름인지는 의견이 분분하다.

이사야	יְשַׁעְיָהוּ	יֹשַע '구원하다'+ יהוה '여호와'

이사야는 '여호와가 구원하신다'는 뜻으로 히브리어로 '예사야후'라고 부른다. '구원하다'라는 יֹשַע 야사아와 יהוה 여호와의 약자인 יָהוּ 야후가 뒤에 붙어 이루어진 이름이다.
예사야후=여호와+야솨(구원하다)=여호와는 구원하신다

예레미야	יִרְמְיָהוּ	ירם '높아지다'+ יהוה '여호와'

예레미야(예렘야후)는 '여호와는 높아지리라'는 뜻으로 '높아지다'라는 ירם 야람 혹은 רום 룸이라는 어근과 여호와의 약자인 יָהוּ 야후가 뒤에 붙어 이루어진 이름이다.

에스겔	יְחֶזְקֵאל	אֵל '하나님' + חזק '강하다'

에스겔은 '하나님은 강하시다'라는 뜻을 가진 이름으로 히브리어로는 예헤즈켈이라 발음한다. '강하다'라는 חזק 하자크의 어근을 가진 미완료형 동사와 하나님이라는 אֵל 엘이 연합된 이름이다.

다니엘	דָּנִיֵּאל	דן '판단하다' + אֵל '하나님'

다니엘은 '하나님의 판단'이라는 뜻으로 '재판하다, 판단하다'라는 뜻을 가진 דן단과 하나님이라는 אֵל 엘이 합쳐진 이름이다. 가운데 י요드는 고대 소유격 접미어로 많이 사용되었다. 예) 브니엘 '하나님의 얼굴'

호세아	הוֹשֵׁעַ	ישׁע '구원하다'

호세아는 앞에서 언급한 여호수아와 같은 뜻으로 '구원하신다'라는 뜻의 약어인 '구원하심'이라는 뜻이다. 호세아는 '구원하다'는 ישׁע야쇠아의 히필형 부정사 절대형이나 히필형 남성 단수 명령형이다. 그러므로 '구원시키는 자'라는 의미를 품고 있다. 그의 삶은 예수님의 삶과 닮았다. 예수와 호세아가 같은 의미라는 것도 잊지 말라. 호세아는 '은 15+한 호멜

반=은 30'을 주고 고멜을 산다. 그 가격이 예수님의 몸값이 되었다. 결국 자신을 팔아 죄인된 고멜('끝장난 자'라는 뜻)을 구원한 예수님의 모습을 보게 된다.

요엘	יוֹאֵל	אֵל + יהוה

요엘은 '여호와는 하나님이시다'라는 뜻으로 여호와의 약자 ’요드와 하나님이라는 אֵל엘이 합쳐진 이름이다. 즉 '여호와 하나님이여!'를 외치면서 나가는 이름이다.

아모스	עָמוֹס	עמס '들어올리다'

아모스는 '짐을 진'이라는 뜻으로 '들어올리다'라는 뜻의 어근 עמס아마스에서 왔다. 아모스는 아마스의 칼 부정사 절대형이다. 이름의 형태나 뜻을 보아 칼 수동 분사일 것이다.

오바댜	עֹבַדְיָה	עבד + יהוה '일하다'

오바댜는 '여호와를 섬기는 자'라는 뜻으로 '일하다'라는 뜻의 아바드와 여호와의 약자 야가 합쳐진 이름이다.

* 참고: 룻의 아들 오벳(아바드의 칼 능동 단수 분사)

요나	יוֹנָה	'비둘기'

요나는 이름 자체가 '비둘기'라는 뜻을 가진 단어다.

미가	מִיכָה	'누구' מִי +'같은'- כְּ + יהוה

미가는 '여호와 같은 이 누구신가'라는 뜻으로 '누구'라는 의
문대명사 מִי 미와 '-같은'이라는 뜻의 כְּ 케와 여호와의 약자
יָהּ 야가 합쳐진 이름이다.

나훔	נַחוּם	נחם '위로'

나훔은 '위로'라는 뜻으로 '위로하다'라는 나함에서 왔다.
נחם 나함의 칼 수동 분사형이다.

하박국	חֲבַקּוּק	חבק '껴안다'

하박국은 '껴안음'이라는 뜻을 가진 이름으로 '껴안다'라는
חבק 하바크에서 왔다. 나훔과 같이 칼 수동 분사형으로 보인다.

스바냐	צְפַנְיָה	צפן '보호하다, 숨기다'

스바냐는 '여호와가 보호하셨다'라는 뜻으로 '보호하다, 숨기다'라는 뜻의 צפן 짜판과 여호와의 약자 יָה야가 합쳐진 이름이다.

학개	חַגַּי	חַג + יהוה '여호와' '축제'

학개는 '여호와의 축제'라는 뜻으로 '축제'라는 뜻의 חַג 하그와 여호와의 י 요드가 합쳐진 이름이다.

스가랴	זְכַרְיָה	זכרי + הוה '기억하다'

스가랴는 '여호와께서 기억하셨다'라는 뜻으로 '기억하다'의 זכר 자카르와 여호와의 약자 יָה야가 합쳐진 이름이다.

말라기	מַלְאָכִי	מַלְאָךְ '사자, 일꾼'

말라기는 '여호와의 사자'라는 뜻으로 '사자, 일꾼'이라는 뜻의 מַלְאָךְ 마르아크와 여호와의 약자 י 요드가 합쳐진 이름이다.

단어 요약

단어			이름
לוה	연합하다	레위기	לֵוִי
יָשַׁע	구원하다	여호수아	יְהוֹשֻׁעַ
ראה	보다	룻	רוּת
שָׁמַע	듣다	사무엘상	שְׁמוּאֵל
שֵׁם	이름	사무엘하	שְׁמוּאֵל
עזר	돕다	에스라	עֶזְרָא
נחם	위로하다	느헤미야	נְחֶמְיָה
אָיַב	대적하다	욥	אִיּוֹב
יָשַׁע	구원하다	이사야	יְשַׁעְיָהוּ
ירם	높아지다	예레미야	יִרְמְיָהוּ
חזק	강하다	에스겔	יְחֶזְקֵאל
דּן	판단하다	다니엘	דָּנִיֵּאל
יָשַׁע	구원하다	호세아	הוֹשֵׁעַ
עמס	들어올리다	아모스	עָמוֹס
עבד	일하다	오바댜	עֹבַדְיָה
יוֹנָה	비둘기	요나	יוֹנָה
מִי	누구	미가	מִיכָה
נחם	위로하다	나훔	נַחוּם
חבק	껴안다	하박국	חֲבַקּוּק
צפן	보호하다	스바냐	צְפַנְיָה

122

חַג 축제	학개	חַגַּי
זכר 기억하다	스가랴	זְכַרְיָה
מַלְאָךְ 사자, 일꾼	말라기	מַלְאָכִי

먼저 이름에 집중하면서 창세기를 읽어 보라.

이름의 뜻을 알면 그 뜻이 더 풍성해질 것이다.

이름	발음

אָדָם 아담   아담
어근(뜻): אָדָם   '사람'

아담은 사람이라는 뜻을 가지기도 하고 자체가 이름이기도

하다.

예수님이 자신을 '인자'라고 하셨는데 인자는 '벤 아담', 즉

'사람의 아들'이라는 뜻이다. 아담은 아돔에서 왔는데 아돔은

붉다는 뜻이다. 붉은 흙에서 취하여 그 이름을 아담이라고 했

다. 흙에서 취했으니 흙으로 돌아가라는 뜻은 워드플레이이

기도 하다.

חַוָּה 하바   하와
어근(뜻): חיה   '살다'

아담이 그의 아내의 이름을 하와라 불렀으니 그는 모든 산

자의 어머니가 됨이더라 창 3:20

וַיִּקְרָא הָאָדָם שֵׁם אִשְׁתּוֹ חַוָּה כִּי הִוא הָיְתָה אֵם כָּל־חָי

하와라 불리는 하바는 '살다'라는 חיה하야 동사에서 왔다.

קַיִן 카인 가인
어근(뜻): קָנָה '얻다'

아담이 그의 아내 하와와 동침하매 하와가 임신하여 가인
을 낳고 이르되 내가 여호와로 말미암아 득남하였다 하니라
창 4:1

וְהָאָדָם יָדַע אֶת־חַוָּה אִשְׁתּוֹ וַתַּהַר וַתֵּלֶד
אֶת־קַיִן וַתֹּאמֶר קָנִיתִי אִישׁ אֶת־יְהוָה

가인은 문장에서 나오듯이 '얻다'라는 뜻을 가진 קנה카나에
서 왔다.

שֵׁת 쉘 셋
어근(뜻): שָׁתַת '정하다'

아담이 다시 자기 아내와 동침하매 그가 아들을 낳아 그의
이름을 셋이라 하였으니 이는 하나님이 내게 가인이 죽인 아

벨 대신에 다른 씨를 주셨다 함이며 창 4:25

셋은 '정하다, 세우다'라는 뜻을 가진 שתת 쉬타트에서 온 이름이다.

פֶּלֶג 펠렉   벨렉
어근(뜻): פָּלֶג '나뉘다'

에벨은 두 아들을 낳고 하나의 이름을 벨렉이라 하였으니 그 때에 세상이 나뉘었음이요 벨렉의 아우의 이름은 욕단이며
창 10:25

벨렉(펠렉)은 '나뉘다'라는 뜻을 가진 פָּלֶג 팔라그에서 온 이름이다.

אֱנוֹשׁ 에노쉬   에노스
어근(뜻): אנשׁ '병들다'

셋도 아들을 낳고 그의 이름을 에노스라 하였으며 그때에 사람들이 비로소 여호와의 이름을 불렀더라 창 4:26

에노쉬라 불리는 에노스는 명사로는 '사람'이라는 뜻을 가진 '에나쉬'이고 이는 사람이라는 이쉬의 복수형인 아나쉼과 관련 있다. 동사로 될 때는 '병들다'라는 뜻을 가진 אנשׁ 아나

쉬에서 온 말이라고 할 수 있다. 이는 치료할 수 없는 상태를 의미하며 절망적인 인간의 상황을 말한다(욥 34:6, 렘 30:15, 사 17:11, 삼하 12:15).

קֵינָן 케난 게난
어근(뜻): קנה '얻다'

에노스는 구십 세에 게난을 낳았고 창 5:9

게난은 카나가 어근으로 가인과 같은 어근 '취하다, 얻다'(잠 4:7, 15:32, 참고: 엘가나)라는 뜻이다. 여기서는 걱정을 얻게 되는 면을 묘사했다고 본다.

מַהֲלַלְאֵל 마할랄렐
어근(뜻): הלל '찬송하다'

마할랄렐은 '찬송하다'라는 단어 הלל할랄과 하나님이라는 אֵל엘이 합성된 단어다. 할렐루야의 할렐은 유명한 단어다. 즉 하나님을 찬양하는 자라는 뜻이다. 또한 찬양 받으실 하나님이라는 의미로도 번역할 수 있다.

יֶרֶד 야레드 야렛
어근(뜻): ירד '내려가다'

야렛이라는 이름은 '내려가다'라는 ירד야라드에서 온 이름으로 요단강이 '내려가다'는 뜻을 품고 있기에 같은 어근을 사용한다.

חֲנוֹךְ 하녹크   에녹
어근(뜻): חנך '가르치다'

어근 하나크는 가르치다, 훈련하다, 헌신하다는 칼 부정사형 이다(신 20:5, 왕상 8:63, 대하 7:5, 잠 22:6).

מְתוּשֶׁלַח 메투세라흐   므두셀라
어근(뜻): מות '죽다' + שׁלח '보내다'

므두셀라는 '죽다'의 מות 무트와 '보내다'의 שׁלח 샬라흐에서 온 이름이다. 즉 '죽음을 보냈다'라는 의미에서 노아의 심판 을 예표한다고 할 수 있다. 또한 구속사적인 의미에서 '죽기 위해 보냄을 받았다'라는 의미로도 생각해 볼 수 있다.

לֶמֶךְ 라메크   라멕
어근(뜻): מלך '다스리다'

라멕이라는 이름의 어근을 למך 라마크로 볼 수 있지만 학자 들은 이 이름이 앞과 뒷글자의 치환으로 מלך 말라크에서 왔 다고 본다. 말라크는 '왕'이라는 멜렉의 어근으로 '다스리다' 는 뜻을 가지고 있다. 예수님이 오셔서 선지자로서 가르치시 고, 대제사장으로서 죽으시고, 왕으로서 다스리는 일을 하심

으로 위 세 이름을 완성하셨다고 할 수 있다.

נֹחַ   **노아흐**   **노아**

어근(뜻): נחם '위로하다'

> 이름을 노아라 하여 이르되 여호와께서 땅을 저주하시므
> 로 수고롭게 일하는 우리를 이 아들이 안위하리라 하였더라
> 창 5:29

노아는 안식이라는 뜻이다. 노아는 그 어근이 '위로하다'라
는 '나함'과 연관된다. 나훔 선지자의 이름과 같이 하나님이
위로하신다, 안위하신다는 뜻을 가지고 있다. 이 이름으로 한
세상이 마치면서 새로운 안식의 세계를 보여 주신다. 이 뜻을
생각하면서 예수님이 오셔서 하신 일을 생각해 보라.

예수님이 사역한 '본 동네'(마 9:1)가 가버나움인데 가버나움
의 원어는 '케페르 나훔'이다. 즉 위로의 마을이라는 뜻이다.
예수님은 안식일에 주로 일하셨고 은혜의 해인 안식년 중의
안식년인 희년을 선포하러 오셨다(눅 4:16-19).

아담에서 노아까지 이름을 정리하여 그 이름의 뜻을 계속 연결하다 보면 놀라운 하나님의 구원 계획을 발견하게 된다.

히브리어	이름	어근	뜻
אָדָם	아담	아담 / 붉다, 흙	사람에게
שֵׁת	셋	샤타트 / 정하다	정해진 것은
אֱנוֹשׁ	에노스	아나쉬 / 절망하다	근심과
קֵינָן	게난	카나 / 얻다, 걱정하다	걱정이라
מַהֲלַלְאֵל	마할랄렐	할렐-엘 / 찬양하다-하나님	찬송의 하나님이
יֶרֶד	야렛	야라드 / 내려가다	내려오사
חֲנוֹךְ	에녹	하나크 / 가르치다, 훈련하다	가르치고
מְתוּשֶׁלַח	므두셀라	멧-샬라흐 / 죽음-보내다	죽음을 주시고
לֶמֶךְ	라멕	마라크? / 다스리다	다스리심으로
נֹחַ	노아	나함 / 위로하다, 안위하다	위로하셨다/ 안식을 주셨다

위 이름을 해석하면,

사람에게 정해진 것은 근심과 걱정이라

(그러나) 은혜의 하나님이 내려오사 가르치시고 죽으시고 다스리심으로 안식을 주셨다.

의역하면 다음과 같다.

인간의 운명은 근심과 걱정의 삶이었다.

그러나 은혜의 하나님 되신 예수 그리스도께서 이 땅에 내려오사 메시아의 삼중 사역인 가르침(선지자), 죽으심(제사장), 다스림(왕) 사역을 행하심으로 우리를 위로하시고 영원한 안식인 천국을 허락해 주셨다.

이름   발음

שֵׁם 쉠
어근(뜻): '이름'

쉠은 이름이라는 뜻으로 '유명한 이름'이라는 뜻을 포함하고 있다.

חָם 함
어근(뜻): '뜨거운'

함은 '뜨거운, 검은'이라는 뜻을 가지고 있다. '뜨겁게 하다'라는 동사는 하맘이다.

יֶפֶת 야펫   야벳

어근(뜻): **פתה** '넓게 하다'

야벳은 '확장, 창대'라는 뜻으로 확장하다(enlarge)는 파타에서
온 이름으로 브두엘도 같은 어근을 가진다(창 9:27)

하나님이 야벳을 창대하게 하사 **יַפְתְּ אֱלֹהִים לְיֶפֶת** 창 9:27

אֱמֹרִי 에모리   아모리

어근(뜻): **אמר** '말하다'

아모리의 근원은 여러 가지로 해석할 수 있으나 단어를 암기하
기 위해 '아마르'라는 '말하다'에서 온 어근을 가지고 기억해 보라.

שְׁכֶם 쉐켐   세겜

어근(뜻): '등, 어깨'

세겜은 '등' 또는 '어깨'라는 뜻이다. 세겜 뒤에는 어깨 같은
그리심산과 에발산이 버티고 있다.

מוֹרֶה 모레

어근(뜻): **ירה** '두려워하다'

아브람이 그 땅을 지나 세겜 땅 모레 상수리나무에 이르니
그때에 가나안 사람이 그 땅에 거주하였더라 창 12:6

모레는 '선생님'이라는 뜻으로 '두려워하다'는 야레의 히필형으로 볼 수도 있다. 그러나 '라아'는 '보다'의 어근을 가진 '계시'라는 뜻을 가져, 모레 상수리나무는 '계시의 상수리나무'라 할 수 있다.

מַלְכִּי־צֶדֶק　　　멜키-쩨덱　　　　멜기세덱

어근(뜻): מֶלֶךְ '왕' + צֶדֶק '의(義)'

'나의 왕은 의롭다' 혹은 '의의 왕'으로 해석된다. 그러나 히브리서 7:1-2에 의거하여 '의의 왕'이라 번역하는 것이 좋겠다.

יִשְׁמָעֵאל　　　이쉬마엘　　　　이스마엘

어근(뜻): שׁמע '듣다' + אֵל '하나님'

> 여호와의 사자가 또 그에게 이르되 네가 임신하였은즉 아들을 낳으리니 그 이름을 이스마엘이라 하라 이는 여호와께서 네 고통을 들으셨음이니라 창 16:11

'하나님이 들으신다'라는 뜻의 이스마엘은 '듣다'라는 쇼마아와 하나님인 엘이 합쳐진 이름이다. 미완료형을 사용하면서 지속적으로 들으시는 하나님을 바라보고 있다.

בְּאֵר לַחַי רֹאִי 브엘 라하이 로이　　　브엘라해로이

어근(뜻): בְּאֵר '우물' + לְ '위한' + חיה '살다' + ראה '살피다'

하갈이 자기에게 이르신 여호와의 이름을 나를 살피시는 하
나님이라 하였으니 이는 내가 어떻게 여기서 나를 살피시는
하나님을 뵈었는고 함이라 창 16:13

브엘은 '우물'을 의미하고 라하이는 전치사 레와 '살다'의 하
야에서 온 하임이 합쳐져 '산 자를 위한'이라는 뜻이 된다. 로
이는 '보다, 살피다'라는 רָאָה라아의 칼 능동 분사와 대명사
접미 '나의'가 합쳐진 상태로 '나를 보살피시는'이라는 의미
가 된다.

즉 '나를 살피시는 이가 생명을 위해 주신 우물'이라는 뜻이다.

אַבְרָהָם 아브라함

어근(뜻): אָב 아버지' + רָם '높다'+ הֲמוֹן '많다'

이제 후로는 네 이름을 아브람이라 하지 아니하고 아브라함
이라 하리니 이는 내가 너를 여러 민족의 아버지가 되게 함
이니라 창 17:5

יִצְחָק 이쯔하크 이삭

어근(뜻): צָחַק '웃다'

이삭은 '웃다'라는 צָחַק짜하크의 미완료형이다. 지속적으로
웃을 것이라는 뜻을 가진다.

עַמּוֹן 암몬

어근(뜻): עַם '백성'

원래 이름 בֶּן־עַמִּי 벤암미는 '나의 백성의 아들 혹은 자손'이 라는 뜻이다. 백성이라는 עַם 암에 장엄형을 붙여 암몬이라 하였다.

בְּאֵר שֶׁבַע 베엘 쉐바   브엘세바

어근(뜻): שֶׁבַע '일곱, 맹세'

> 두 사람이 거기서 서로 맹세하였으므로 그 곳을 브엘세바라 이름하였더라 창 21:31

브엘은 우물이라는 뜻이고 שֶׁבַע 쉐바는 '일곱 혹은 맹세'라는 뜻이다. 밧세바도 마찬가지로 '맹세의 딸'이라는 뜻이다.

מֹרִיָּה 모리야   모리아

어근(뜻): רָאָה '보다' + יהוה '여호와'

> 여호와께서 이르시되 네 아들 네 사랑하는 독자 이삭을 데리 고 모리아 땅으로 가서 내가 네게 일러 준 한 산 거기서 그를 번제로 드리라 창 22:2

모리아는 '보다'라는 רָאָה 라아 동사와 여호와 접미 약자인 יָהּ 야가 붙은 것으로 본다. 그러므로 '여호와의 살피심'이 된다. 이어 지을 이름인 여호와 이레와 맥을 같이한다.

יְהוָה יִרְאֶה **여호와 예라에**   **여호와 이레**

어근(뜻): יהוה'여호와' + ראה'보다'

> 아브라함이 그 땅 이름을 여호와 이레라 하였으므로 오늘날
> 까지 사람들이 이르기를 여호와의 산에서 준비되리라 하더
> 라 창 22:14

여호와 이레(여호와 예라에)는 יהוה여호와와 ראה라아의 니팔
미완료형 3인칭 남성 단수형이 합쳐진 것으로 '여호와께서 보
이실 것이다, 혹은 여호와께서 준비하실 것이다'라는 뜻이다.
약속대로 하나님은 다윗에게 나타나셨고, 다윗은 이곳에 성
전을 지었다. 이후 예수님도 이곳에 오셔서 죽으시고 부활하
셨다. 아브라함이 아들을 죽이려던 곳이 하나님이 아들을 죽
이려던 곳이었다.

לָבָן **라반**

어근(뜻): 흰

라반이라는 이름 자체가 '희다'라는 뜻이다. 그러나 라반은
그 이름과 반대로 살았던 인물이다.

רְאוּבֵן   르우벤

어근(뜻): רא ה '보다'

르우벤은 '보다'라는 라아의 2인칭 명령 복수다. 벤은 아들이
라는 뜻이니, '보라! 아들이다'라는 외침이 이름이 된 셈이다.
얼마나 감격스런 아들이었던가!

שִׁמְעוֹן   시므온

어근(뜻): שָׁ מַ ע '듣다'

그가 다시 임신하여 아들을 낳고 이르되 여호와께서 내가 사
랑 받지 못함을 들으셨으므로 내게 이 아들도 주셨도다 하고
그의 이름을 시므온이라 하였으며 창 29:33

시므온은 '듣다'라는 שָׁמַע 쇠마아에서 온 이름으로 큰 들으심
을 의미한다. 레위는 성경 이름에서 언급하였다.

יְהוּדָה   유다

어근(뜻): י ד ה '찬송하다'

그가 또 임신하여 아들을 낳고 이르되 내가 이제는 여호와를
찬송하리로다 하고 이로 말미암아 그가 그의 이름을 유다라
하였고 그의 출산이 멈추었더라 창 29:35

유다(예후다)는 찬송하다는 יָדָה 야다에서 온 이름이다.

דָן 단

어근(뜻): '심판하다'

> 라헬이 이르되 하나님이 내 억울함을 푸시려고 내 호소를 들
> 으사 내게 아들을 주셨다 하고 이로 말미암아 그의 이름을
> 단이라 하였으며 창 30:6

단 자체가 '심판하다, 판단하다'는 동사다. 다니엘의 이름을
참고하라. 참고로 라헬은 '암양'이라는 뜻을 가진다.

נַפְתָּלִי 납달리

어근(뜻): פ‏ת‏ל '경쟁하다'

> 라헬이 이르되 내가 언니와 크게 경쟁하여 이겼다 하고 그의
> 이름을 납달리라 하였더라 창 30:8

납달리는 '경쟁하다, 레슬링하다'라는 뜻을 가진 פ‏ת‏ל 파탈에
서 온 이름이다. 파탈의 니팔형이거나 뒤에 나오는 나프투라
이라는 '나의 경쟁, 나의 레슬링'이라는 말에서 왔다. 그가 받
은 축복을 보라.

납달리는 놓인 암사슴(아얄라=>아얄 수사슴=아얄론)이라 아름다

운 소리를 발하는도다 창 49:21

גָּד 갓

어근(뜻): גָּד '행운'

> 레아가 이르되 복되도다 하고 그의 이름을 갓이라 하였으며
> 창 30:11

갓의 모음이 짧아지면 행운이라는 뜻의 גַּד 가드가 된다. 참고로 레아는 לֵאָה '약한'이라는 뜻을 가진다.

אָשֵׁר 아셀

어근(뜻): אשר '복되다'

> 레아가 이르되 기쁘도다 모든 딸들이 나를 기쁜 자라 하리로다 하고 그의 이름을 아셀이라 하였더라 창 30:13

아셀은 אשר 아쇠르라는 어근에서 왔는데 칼형일 때는 '직진하다'는 뜻이 있지만 피엘형이 될 때는 '복되다'는 뜻이 된다. אֹשֶׁר 오쉐르는 행복이라는 뜻이다.

יִשָּׂשכָר 잇사갈

어근(뜻): שָׂכָר '값을 치르다'

> 레아가 이르되 내가 내 시녀를 내 남편에게 주었으므로 하나

님이 내게 그 값을 주셨다 하고 그의 이름을 잇사갈이라 하였으며 창 30:18

잇사갈은 '값을 치르다'라는 단어 שָׂכָר 사갈에서 온 이름이다. 히브리어 '이사'는 '있다'라는 יֵשׁ 예쉬에서 온 단어일 수도 있다. 값 치름이 있었다는 뜻이 된다.

זְבֻלוּן   스불론
어근(뜻): זבל '영화롭게 하다'

레아가 이르되 하나님이 내게 후한 선물을 주시도다 내가 남편에게 여섯 아들을 낳았으니 이제는 그가 나와 함께 살리라 하고 그의 이름을 스불론이라 하였으며 창 30:20

스불론(제불룬)은 '영화롭게 하다'는 זבל 자발에서 온 이름이다. '큰 영화'라는 뜻이 된다.

יוֹסֵף   요셉
어근(뜻): יסף '더하다'

그 이름을 요셉이라 하니 여호와는 다시 다른 아들을 내게 더하시기를 원하노라 하였더라 창 30:24

요셉은 '더하다'라는 יסף 야삽에서 온 이름으로 현재 진행을 의미하는 분사를 사용하여 '더하는 자'라는 뜻을 가진다. 요셉은 그의 이름대로 살았고 그런 자로 아버지에게 축복을 받았다. 담장 너머로 뻗는 나무로 살았다.

בִּנְיָמִין   베냐민
어근(뜻): יָמִן '오른쪽'

> 그가 죽게 되어 그의 혼이 떠나려 할 때에 아들의 이름을 베노니 בֶּן־אוֹנִי 라 불렀으나 그의 아버지는 그를 베냐민이라 불렀더라 창 35:18

베냐민(빈야민)은 아들이라는 בֶּן 벤과 오른쪽이라는 יָמִן 야민이 합쳐진 이름이다. 오른손은 강한 팔을 의미하므로 '능력의 아들'이라는 뜻이다. 라헬은 그를 슬픔의 아들이라는 뜻으로 '벤 오니'라 불렀다.

בֵּית־אֵל   벧엘
어근(뜻): 하나님의 집

> 17 이에 두려워하여 이르되 두렵도다 이 곳이여 이것은 다름 아닌 하나님의 집이요 이는 하늘의 문이로다 하고
> 19 그곳 이름을 벧엘이라 하였더라 이 성의 옛 이름은 루스더라 창 28:17, 19

※ 벧엘은 집이라는 בֵּית 바잇과 하나님인 אֵל 엘이 합쳐진 이름이다.

גַּלְעֵד   갈르엣
어근(뜻): גַּל '무더기' + עֵד '증거'

> 라반의 말에 오늘 이 무더기가 너와 나 사이에 증거가 된다 하였으므로 그 이름을 갈르엣이라 불렀으며 창 31:48

갈르엣은 '증거의 무더기'라는 뜻으로 '무더기'의 갈과 '증거'의 에드에서 왔다. 이 이름 이후로 그 지역을 'גַּלְעָד 길르앗'이라 불렀다.

פְּנִיאֵל   브니엘
어근(뜻): פָּנִים '얼굴'

> 그러므로 야곱이 그 곳 이름을 브니엘이라 하였으니 그가 이르기를 내가 하나님과 대면하여 보았으나 내 생명이 보전되었다 함이더라 창 32:30

כִּי־רָאִיתִי אֱלֹהִים פָּנִים אֶל־פָּנִים

파님은 '얼굴'을 의미하고 엘은 하나님을 뜻한다. 하나님의 얼굴을 보았다는 고백은 에서를 만나면서 다시 나온다. 형님의 얼굴이 변한 것을 보니 하나님의 얼굴을 뵈었던 것이 성취된 것 같다는 뜻이다. 형님 얼굴에서 하나님의 얼굴을 본 것이다. 성취하시는 하나님이 하나님의 얼굴이다. 단수형은 פָּנֶה 파네이지만 얼굴이 양쪽 면으로 되어 있어 쌍수를 쓴다.

מַחֲנַיִם 마하나임

어근(뜻): מַ חֲ נָ ה '진영'

> 야곱이 그들을 볼 때에 이르기를 이는 하나님의 군대라 하고 그 땅 이름을 마하나임이라 하였더라 창 32:2

마하나임은 '진영, 캠프'라는 뜻을 가진 מַחֲנֶה 마하네의 쌍수를 말한다.

יִשְׂרָאֵל 이스라엘

어근(뜻): שׁ ר ה '싸우다'

> 그가 이르되 네 이름을 다시는 야곱이라 부를 것이 아니요 이스라엘이라 부를 것이니 이는 네가 하나님과 및 사람들과 겨루어 이겼음이니라 창 32:28

이스라엘은 '다투다'는 שׁרה 싸라와 하나님, אֵל 엘이 합쳐진 이름으로 간절히 구하는 자에게 하나님이 져 주신다는 뜻이다.

סֻכּוֹת　　　　숙곳

어근(뜻): ס כ כ ה '초막'

> 야곱은 숙곳에 이르러 자기를 위하여 집을 짓고 그의 가축을
> 위하여 우릿간을 지었으므로 그 땅 이름을 숙곳이라 부르더
> 라 창 33:17

숙곳은 '초막, 천막'이라는 뜻을 가진 ס כ כ ה 수카의 복수형이
다. 초막절을 수콧(숙곳)이라 부른다.

אֵל אֱלֹהֵי יִשְׂרָאֵל　　　　엘-엘로헤-이스라엘

엘-엘로헤-이스라엘은 '하나님 이스라엘의 하나님'이라는
뜻으로 엘로힘이 연계형이 되어 엘로헤로 바뀌었다.

אַלּוֹן בָּכוּת　　　　알론바굿

어근(뜻): בכה '울다' + אַלּוֹן '알론'

> 리브가의 유모 드보라가 죽으매 그를 벧엘 아래에 있는 상수
> 리나무 밑에 장사하고 그 나무 이름을 알론바굿이라 불렀더
> 라 창 35:8

알론은 상수리나무를 말하고 바쿹은 '울다'라는 뜻의 בכה 바
카에서 유래한 칼 수동 분사형 단어다.

פֶּרֶץ   **베레스**

어근(뜻): פ ר ץ '터트리다'

> 그 손을 도로 들이며 그의 아우가 나오는지라 산파가 이르되 네가 어찌하여 터뜨리고 나오느냐 하였으므로 그 이름을 베레스라 불렀고 창 38:29

베레스(파레쯔)는 '터트리다'는 פ ר ץ 파라쯔에서 왔다.

מְנַשֶּׁה   **므낫세**

어근(뜻): נ שׁ ה '잊다'

> 요셉이 그의 장남의 이름을 므낫세라 하였으니 하나님이 내게 내 모든 고난과 내 아버지의 온 집 일을 잊어버리게 하셨다 함이요 창 41:51

므낫세는 '잊다'라는 נשׁה 나세의 피엘 능동 분사형으로 '깡그리 잊음'이라는 용서의 의미가 담겨 있다.

אֶפְרַיִם   **에브라임**

어근(뜻): פ ר ה '열매 맺다'

> 차남의 이름을 에브라임이라 하였으니 하나님이 나를 내가 수고한 땅에서 번성하게 하셨다 함이었더라 창 41:52

에브라임은 열매를 맺다는 **פרה** 파라에서 유래된 이름으로 뒤에 쌍수형이 붙어 두 배로 수확했다는 뜻이다.

אָבֵל מִצְרַיִם   **아벨미스라임**

어근(뜻): **אָבֵל** "통곡" + **מִצְרַיִם** '애굽'

> 그 땅 거민 가나안 백성들이 아닷 마당의 애통을 보고 이르되
> 이는 애굽 사람의 큰 애통이라 하였으므로 그 땅 이름을 **아벨
> 미스라임**이라 하였으니 곧 요단 강 건너편이더라 창 50:11

아벨은 통곡을 의미하고 미스라임은 애굽 사람을 의미한다.

---

4. 단어 요약

단어		이름	
אָדָם 사람	아담	**אָדָם**	
חיה 살다	하와	**חַוָּה**	
קנה 얻다	가인	**קַיִן**	
שתת 정하다	셋	**שֵׁת**	
פלט 피하다	벨렉	**פֶּלֶג**	
אנש 병들다	에노스	**אֱנוֹשׁ**	
קנה 얻다	게난	**קֵינָן**	
הלל 찬송하다	마할랄렐	**מַהֲלַלְאֵל**	
ירד 내려가다	야렛	**יֶרֶד**	

חָנַךְ	가르치다	에녹	חֲנוֹךְ
מוּת	죽다	므두셀라	מְתוּשֶׁלַח
שָׁלַח	보내다	므두셀라	מְתוּשֶׁלַח
מָלַךְ	다스리다	라멕	לֶמֶךְ
נָחַם	위로하다	노아	נֹחַ
שֵׁם	이름	셈	שֵׁם
חָם	뜨거운	함	חָם
פָּתָה	넓게 하다	야벳	יֶפֶת
אָמַר	말하다	아모리	אֱמֹרִי
שְׁכֶם	등, 어깨	세겜	שְׁכֶם
יָרֵה	두려워하다	모레	מוֹרֶה
מֶלֶךְ	왕	멜기세덱	מַלְכִּי־צֶדֶק
צֶדֶק	의(義)	멜기세덱	מַלְכִּי־צֶדֶק
חָיָה	살다	브엘라해로이	בְּאֵר לַחַי רֹאִי
הֲמוֹן	많다	아브라함	אַבְרָהָם
צָחַק	웃다	이삭	יִצְחָק
עַם	백성	암몬	עַמּוֹן
שֶׁבַע	일곱, 맹세	브엘세바	בְּאֵר שֶׁבַע
רָאָה	보다	여호와 이레	יְהוָה יִרְאֶה
רָאָה	보다	모리아	מֹרִיָּה
לָבָן	흰	라반	לָבָן
רָאָה	보다	르우벤	רְאוּבֵן

146

שֵׁמַע 들다	시므온	שִׁמְעוֹן
יֵדה 찬송하다	유다	יְהוּדָה
דִּן 심판하다	단	דָּן
פתל 경쟁하다	납달리	נַפְתָּלִי
גַּד 행운	갓	גָּד
אֹשֶׁר 복되다	아셀	אָשֵׁר
שָׂכַר 값을 치르다	잇사갈	יִשָּׂשכָר
זבל 영화롭게 하다	스불론	זְבֻלוּן
יסף 더하다	요셉	יוֹסֵף
יָמִן 오른쪽	베냐민	בִּנְיָמִין
עֵד 증거	갈르엣	גַּלְעֵד
פָּנִים 얼굴	브니엘	פְּנִיאֵל
מַחֲנֶה 진영	마하나임	מַחֲנָיִם
שָׂרה 싸우다	이스라엘	יִשְׂרָאֵל
סֻכָּה 초막	숙곳	סֻכּוֹת
אַלּוֹן 상수리나무	알론바굿	אַלּוֹן בָּכוּת
בכה 울다	알론바굿	אַלּוֹן בָּכוּת
פֶּרֶץ 터트리다	베레스	פֶּרֶץ
נשה 잊다	므낫세	מְנַשֶּׁה
פרה 열매 맺다	에브라임	אֶפְרַיִם
אָבֵל 통곡	아벨미스라임	אָבֵל מִצְרַיִם
מִצְרַיִם 애굽	아벨미스라임	אָבֵל מִצְרַיִם

일곱째 인

종합과
확장

chapter 11

종합

그동안 배웠던 문장들을 종합하면서 그 구조와 문법을 복습해 보도록 하자. 앞에서 배운 부분을 노래로 불러 보자. 그리고 다시 글로 써 보자. 문법을 아는 만큼 적고, 부족한 부분은 다시 보면서 보충하자.

1. 전체 노래 부르기

그동안 배운 노래를 함께 불러 보자.

1) 베레쉬트(이야기체)

2) 쉐마 이스라엘(강화체)

3) 히네 마 토브(시 형식)

2. 히브리어 노래 가사

1) 창세기 1:1

태초에 하나님이 천지를 창조하시니라 창 1:1

בְּרֵאשִׁית בָּרָא אֱלֹהִים אֵת הַשָּׁמַיִם וְאֵת הָאָרֶץ

그리고 그 땅 을   그 하늘 을 하나님 창조하다 태초에

2) 신명기 6:4-5과 노래

4 이스라엘아 들으라 우리 하나님 여호와는

오직 유일한 여호와이시니

5 너는 마음을 다하고 뜻을 다하고 힘을 다하여

네 하나님 여호와를 사랑하라 신 6:4-5

שְׁמַע יִשְׂרָאֵל יְהוָה אֱלֹהֵינוּ יְהוָה אֶחָד
וְאָהַבְתָּ אֵת יְהוָה אֱלֹהֶיךָ בְּכָל-לְבָבְךָ
וּבְכָל-נַפְשְׁךָ וּבְכָל-מְאֹדֶךָ

노랫말

שְׁמַע יִשְׂרָאֵל יְהוָה אֱלֹהֵינוּ יְהוָה אֶחָד
בָּרוּךְ שֵׁם כְּבוֹד מַלְכוּתוֹ לְעוֹלָם וָעֶד

들으라 이스라엘아 여호와는 우리의 하나님이요

여호와는 유일하다

영광의 이름을 송축하라! 그의 왕조는 영원 영원하도다

보라 형제가 연합하여 동거함이 어찌 그리 선하고

아름다운고 시 133:1

הִנֵּה מַה־טּוֹב וּמַה־נָּעִים שֶׁבֶת אַחִים גַּם־יָחַד

보라 무엇이 선한가? 그리고 무엇이 아름다운가?
형제들이 이렇게 함께함이 아닌가?

3. 암송

위 노래를 히브리어로 써 보자.

창세기 1:1

בְּרֵאשִׁית

신명기 6:4-5과 노래

שְׁמַע

וְאָהַ

שְׁמַע

בָּרוּךְ

<u>시편 133:1</u>

הִנֵּה

chapter 12

확장

(창세기 1:1-5 / 신명기 6:4-9 / 시편 133:1-3 / 하바 나길라 동영상)

그동안 보았던 본문을 확장하여 보자. 제대로 따라왔으면 원어 성경의 문이 열리는 것을 볼 것이다.

1. 창세기 1:1-5

1 בְּרֵאשִׁית

בָּרָא אֱלֹהִים אֵת הַשָּׁמַיִם וְאֵת הָאָרֶץ

2 וְהָאָרֶץ הָיְתָה תֹהוּ וָבֹהוּ וְחֹשֶׁךְ עַל־פְּנֵי תְהוֹם

וְרוּחַ אֱלֹהִים מְרַחֶפֶת עַל־פְּנֵי הַמָּיִם:

3 וַיֹּאמֶר אֱלֹהִים יְהִי אוֹר וַיְהִי־אוֹר

4 וַיַּרְא אֱלֹהִים אֶת־הָאוֹר כִּי־טוֹב

וַיַּבְדֵּל אֱלֹהִים בֵּין הָאוֹר וּבֵין הַחֹשֶׁךְ

5 וַיִּקְרָא אֱלֹהִים לָאוֹר יוֹם וְלַחֹשֶׁךְ קָרָא לָיְלָה

וַיְהִי־עֶרֶב

וַיְהִי־בֹקֶר יוֹם אֶחָד פ

단어 정리

הָיְתָה	있다 (היה)	אוֹר	빛
יְהִי	있다 (היה)	יַרְא	보다 (ראה)
תֹהוּ	혼돈	טוֹב	좋은
בֹהוּ	공허	יַבְדֵּל	분리하다 (בדל)
חֹשֶׁךְ	어둠	בֵּין	-사이
עַל־פְּנֵי	-표면 위에	יִקְרָא	부르다
תְהוֹם	깊음, 수면	לַיְלָה	밤
רוּחַ	영혼	יוֹם	낮
מְרַחֶפֶת	운행 (רחף '운행하다')	עֶרֶב	저녁
מַיִם	물	בֹּקֶר	아침

문장 구조

첫걸음에 너무 많이 진행하려 하지 말라. 단어가 눈에 들어오지 않아 답답할 것이다. 수년을 공부한 사람도 마찬가지다.

먼저 숲을 보라.

창세기 1:1-5의 오른쪽 정렬된 첫 단어들에 주목하라.

모두 동사들이다. 처음에는 완료형으로 시작하여 다음에 나타날 때는 '그리고'에 해당하는 'ו 베'와 함께한 동사가 나온다. 그런데 이 동사들은 모두 앞에 'י 요드'와 함께한 미완료형이다.

바브 연속법의 진수를 볼 수 있다. 연속되는 행위를 보여 주기 위해서 처음에는 완료형으로 시작하였으면 다음에는 미완료형으로 표현해 주어야 연속되는 행동임을 알려 준다. 한글로 다음과 같이 정리해 보았다.

이런 구조로 성경 보기를 시도하라.

1 태초에 하나님이 천지를 창조하시니라 בָּרָא 창조하다

2 땅이 혼돈하고 공허하며 흑암이 깊음 위에 있고

하나님의 영은 수면 위에 운행하시니라

3 하나님이 이르시되 וַיֹּאמֶר 말했다

빛이 있으라 하시니 빛이 있었고

4 빛이 하나님이 보시기에 좋았더라 וַיַּרְא 보았다

하나님이 빛과 어둠을 나누사 וַיַּבְדֵּל 나눴다

5 하나님이 빛을 낮이라 부르시고 어둠을 밤이라 부르시니라

וַיִּקְרָא 불렀다

저녁이 되고 되었다

아침이 되니 וַיְהִי 되었다

이는 첫째 날이니라 וַיְהִי 되었다

위의 동사들만 가지런히 읽어도 그 주된 흐름이 무엇인가를 알 수 있다. 그리고 연속되는 행동을 보면서 전체 스토리를 이해할 수 있다.

2절에는 바브 연속법 동사가 없다. 대신 1절과 3절 사이의 배경

을 설명하고 있다.

이야기체인 창세기 1장이 과거형을 표현하는 바브 연속법이라고 한다면 강화체에서는 미완료를 쓰고 완료형 바브 연속법을 사용하여 명령을 하거나 앞으로 일어날 일을 예언하는 데 사용하기도 한다.

2. 신명기 6:4-9

4 שְׁמַע יִשְׂרָאֵל יְהוָה אֱלֹהֵינוּ יְהוָה אֶחָד

5 וְאָהַבְתָּ אֵת יְהוָה אֱלֹהֶיךָ
בְּכָל־לְבָבְךָ וּבְכָל־נַפְשְׁךָ וּבְכָל־מְאֹדֶךָ

6 וְהָיוּ הַדְּבָרִים הָאֵלֶּה
אֲשֶׁר אָנֹכִי מְצַוְּךָ הַיּוֹם עַל־לְבָבֶךָ

7 וְשִׁנַּנְתָּם לְבָנֶיךָ
וְדִבַּרְתָּ בָּם
בְּשִׁבְתְּךָ בְּבֵיתֶךָ וּבְלֶכְתְּךָ
בַדֶּרֶךְ וּבְשָׁכְבְּךָ וּבְקוּמֶךָ

8 וּקְשַׁרְתָּם לְאוֹת עַל־יָדֶךָ
וְהָיוּ לְטֹטָפֹת בֵּין עֵינֶיךָ

9 וּכְתַבְתָּם עַל־מְזוּזֹת בֵּיתֶךָ וּבִשְׁעָרֶיךָ

단어 정리

הָיוּ	있다(הָיָה)
שָׁכְבְּךָ	네 누울 때(שָׁכַב 부정사)
דְּבָרִים	말씀(דָּבָר)
קוּמֶךָ	네 설 때(קוּם 부정사)
אֵלֶּה	이것들
קְשַׁרְתָּם	그들을 매다(קָשַׁר)
אָנֹכִי	나는
לְאוֹת	기호로
אֲשֶׁר	(관계대명사)
יָדֶךָ	네 손
מְצַוְּךָ	네게 명령한 것
טוֹטָפֹת	표, 밴드(טוֹטָפוֹת)
שִׁנַּנְתָּם	그들을 가르치다(שָׁנַן)
עֵינֶיךָ	네 눈들(עַיִן)
בֵּיתֶךָ	네 집(בַּיִת)
כְּתַבְתָּם	그들을 쓰다(כָּתַב)
שִׁבְתְּךָ	네 눕는 중(יָשַׁב 부정사형)
מְזוּזֹת	문설주
לֶכְתְּךָ	네 걷는 중(הָלַךְ 부정사형)
שְׁעָרֶיךָ	네 대문(שַׁעַר)
דֶּרֶךְ	길

דַּבֵּר   네가 말하다(דבר)

문장 구조

이야기체에서 언급한 것처럼 강화체에서도 바브 연속법을 사용한다. 처음 '들으라'로 시작한 명령법은 완료형 바브 연속법으로 이어지면서 연속적인 명령을 표현하고 있다. 아래와 같이 표시할 수 있다.

4 이스라엘아 들으라 שְׁמַע들으라

우리 하나님 여호와는 오직 유일한 여호와이시니

5 너는 마음을 다하고 뜻을 다하고 힘을 다하여

네 하나님 여호와를 사랑하라 וְאָהַבְתָּ사랑하라

6 오늘 내가 네게 명하는 이 말씀을 너는 마음에

새기고 וְהָיוּ있으라

7 네 자녀에게 부지런히 가르치며 וְשִׁנַּנְתָּם가르치라

집에 앉았을 때에든지 길을 갈 때에든지

누워 있을 때에든지 일어날 때에든지

이 말씀을 강론할 것이며 וְדִבַּרְתָּ말하라

8 너는 또 그것을 네 손목에 매어 기호를 삼으며 וּקְשַׁרְתָּם매라

네 미간에 붙여 표로 삼고 וְהָיוּ있으라

9 또 네 집 문설주와 바깥문에 기록할지니라 וּכְתַבְתָּם기록하라

신 6:4-9

1 שִׁיר הַמַּעֲלוֹת לְדָוִד
הִנֵּה מַה־טּוֹב וּמַה־נָּעִים
שֶׁבֶת אַחִים גַּם־יָחַד

2 כַּשֶּׁמֶן הַטּוֹב עַל־הָרֹאשׁ יֹרֵד עַל־הַזָּקָן
זְקַן־אַהֲרֹן שֶׁיֹּרֵד עַל־פִּי מִדּוֹתָיו

3 כְּטַל־חֶרְמוֹן שֶׁיֹּרֵד עַל־הַרְרֵי צִיּוֹן
כִּי שָׁם צִוָּה יְהוָה אֶת־הַבְּרָכָה
חַיִּים עַד־הָעוֹלָם

Psa 133:1-3 WTT

단어정리

שִׁיר	노래	מִדּוֹתָיו	그의 수염
מַעֲלוֹת	오르는(עלה)	טַל	이슬
כַּשֶּׁמֶן	기름같이(שֶׁמֶן)	חֶרְמוֹן	헤르몬
זָקָן	늙은	הַרְרֵי	산들
אַהֲרֹן	아론	צִיּוֹן	시온
שֶׁ	(관계대명사)	שָׁם	거기
עַל־פִּי	–위에	צִוָּה	명하다

문장 구조

1 보라 어찌 그리 선하고

아름다운고

형제가 연합하여 동거함이 שֶׁבֶת

2 머리에 있는 보배로운 기름이 כַּשֶּׁמֶן

수염 곧 아론의 수염에 흘러서 יֹרֵד

그의 옷깃까지 내림 같고 שֶׁיֹּרֵד

3 헐몬의 이슬이 כְּטַל

시온의 산들에 내림 같도다 שֶׁיֹּרֵד

거기서 여호와께서 복을 명령하셨나니 כִּי

곧 영생이로다 시 133:1-3

시편 133편은 성전에 오르면서 부르는 노래다.

이 노래를 시작하면서 히네 '보라!' 한 것은 주위를 환기시키기 위함이다. "자! 여기 보세요. 무엇이 선한 것입니까? 무엇이 아름다운 것입니까?"

이런 느낌으로 시작한 말이 단어상으로 '히네', 마, 우마 등이 하나씩 더해지면서 함께하는 것이 아름다운 시를 만들어 낸다.

'동거하다'는 쉐벧은 다음에 카쉐멘(기름같이)으로 이어진다.

이어서 아래 카탈(이슬같이)로 이어지고 키(왜냐면)라는 문장으로 계속된다. 그리고 이것을 진행하는 동안 제일 눈에 띄는 것은 '내리다'라는 동사 야라드다. 이 동사는 아론의 수염과 그 옷깃에서 내리다가 마지막에 시온에서 내린다고 한다. 즉 성전에 올라가는 이유가 여기에 있다.

시온의 은혜, 기름 부음이 아론의 제사장을 통하여 아름답게 내림을 보여 준다.

최종적으로 키에서 여호와의 복이 거기서 내리신다는 것을 알려 준다. 그리고 히네에서 시작한 말이 하임(생명)으로 마무리하면서 영원한 생명이 성전에서 내리기에 그곳에 올라가는 것이 복이 있음을 보여 준다.

히브리어 시는 내용만 안다고 되는 것이 아니다. 그 글자의 반복과 운율을 알고 이렇게 펼쳐 보면 시의 의도가 새롭게 보이기도 한다.

4. 하바 나길라

디아스포라의 어려움 속에서 불린 노래이지만 선지서 스가랴 2장 10절을 기초한 것이기에 선지서의 묘미도 조금은 맛볼 수 있다.

하바나길라

Abraham Zvi Idelsohn

하바 나길라 하바 나길라 하바 나길라

베니쉬 메 하 베니쉬 메하 하바네

라 네 나 하 바 네 라 네 나 하 바 하 바 네 라 네
라이----------------------------------라이

나 네 라 네 나 우 르 우 루 아 힘 우 루 아 힘 베
라이 라이------------라이

렙 사 메 아흐 우 루 아 힘 베 렙 사 메 아흐 우 루 아 힘 베

렙 사 메 아흐 우 루 아 힘 베 렙 사 메 아흐 우 루 아 힘

우 루 아 힘 베 렙 사 메 - - 아흐

הוֹי הוֹי וְנֻסוּ מֵאֶרֶץ צָפוֹן נְאֻם־יְהוָה
כִּי כְּאַרְבַּע רוּחוֹת הַשָּׁמַיִם פֵּרַשְׂתִּי אֶתְכֶם נְאֻם־יְהוָה

Zec 2:10 WTT

여호와의 말씀에 시온의 딸아 노래하고 기뻐하라

이는 내가 와서 네 가운데에 머물 것임이라 슥 2:10

가사와 해석

הָבָה נָגִילָה x2번 반복	하바 나길라 하바 나길라
	오라 기뻐하자 기뻐해
הָבָה נָגִילָה וְנִשְׂמְחָה	하바 나길라 베니쉬메하
	노래를 부르자 즐거워하자
הָבָה נְרַנְּנָה x2	하바 네라네나 하바 네라네나
	노래를 부르자 노래하자
הָבָה נְרַנְּנָה וְנִשְׂמְחָה	하바 네라네나 베니쉬메하
	노래하자 즐거워하자
עוּר עוּרוּ אַחִים	우르, 우루 아힘
	일어나자 일어나자 형제들이여

עוּרוּ אַחִים בְּלֵב שָׂמֵחַ   우루 아힘 베레브 사메아흐

형제들 모두 즐겁게

עוּרוּ אַחִים בְּלֵב שָׂמֵחַ   우루 아힘 베레브 사메아흐

형제들 모두 즐겁게

주요 단어 정리

יָהַב 하바(הָבָה)의 어근은 '주다'라는 뜻을 가진 야바(יהב)나 칼형 남성 단수 명령형으로 쓰이면서 '오라', 영어로는 'Come! 혹은 Come on!'이라는 뜻이다. 뒤에 오는 단어를 바로 실행할 것을 강조하는 표현이다.

שָׂמֵחַ 싸메아흐(שָׂמֵחַ)는 '행복한'(참고, 생일 축하합니다=욤 홀레뎃 싸메아흐!)이다.

גִּיל 나길라의 길(גִּיל)은 '기뻐하다'는 뜻이다.

시편 118:24, 아가서 1:4, 이사야서 25:9에서 모두 '나길라 베-니쉬메하'라는 쌍을 가지고 있다.

זֶה־הַיּוֹם עָשָׂה יְהוָה נָגִילָה וְנִשְׂמְחָה בוֹ

이 날은 여호와께서 정하신 것이라

이 날에 우리가 즐거워하고 기뻐하리로다 시 118:24

רָנַן 네라네나의 라난(רָנַן)은 '외치다'라는 뜻이다.

- 시 20:6, 95:1, 시 132:16(라난)

לְכוּ נְרַנְּנָה לַיהוָה נָרִיעָה לְצוּר יִשְׁעֵנוּ

오라 우리가 여호와께 노래하며

우리의 구원의 반석을 향하여 즐거이 외치자 시 95:1

세 단어가 다음 구절에 모두 나온다.

שִׂמְחוּ בַיהוָה וְגִילוּ צַדִּיקִים וְהַרְנִינוּ כָּל־יִשְׁרֵי־לֵב

너희 의인들아 여호와를 기뻐하며 즐거워할지어다

마음이 정직한 너희들아 다 즐거이 외칠지어다 시 32:11

עוּר 우루(עוּרוּ)의 우르(עוּר)는 '깨다, 일어나다'는 뜻으로 칼 복수 명령형으로 '일어나라'라는 뜻이다.

히브리어를 배울 수 있는
사이트 정리

권성달 교수 제공

1. 히브리 노래를 올려놓았다.

http://www.lovenuri.org(사이버성경학교)

2. 히브리어 성경을 낭독해 주는 곳이다.

http://www.mechon-mamre.org/p/
pt/ptmp3prq.htm#mp3

3. 히브리어 성경을 다운로드할 수 있는
곳이다.

http://www.mechon-mamre.org/

4. 현대 히브리어로 된 신약성경을 볼 수
있다.

http://jer-31.com

5. 말씀의 집

http://hebrew.pe.kr/

6. 성경 히브리어 영창 낭독을 들을 수
있는 곳이다.

http://bible.ort.org/books/torahd5.
asp

7. 히브리어 알파벳 동영상 사이트

http://www.youtube.com/
watch?v=UiCzoTs1AdE

성경 원어 전문 인터넷 강의 사이트 캐논스터디에서는 《혼자서도 쉽게 배우는 성경 속 히브리어》독자들을 위한 인터넷 강의를 제공하고 있습니다.
이 책을 교재로 하는 이문범 교수의 강의를 같이 듣는다면 히브리어 향상에 더욱 유익할 것입니다.
캐논스터디(http://www.canonstudy.com)를 방문하여 회원가입을 하시는 독자분들께는, 캐논스터디 전 강좌에 사용할 수 있는 10,000원 수강권이 지급됩니다. 캐논스터디 인터넷 강의를 통하여 다양한 성경 원어 강의를 만나보세요.

참고문헌

권성달, "성경 히브리어 엑센트에 대한 고찰," 「성경원문연구 제23호」, 2008, 107쪽.

이문범, *Morphology in Biblical Names: A MA Paper Submitted in Partial Fulfillment of the Requirements for the Degree Master of Arts.* Unpublished, Jerusalem: Jerusalem University College, 1997.

이문범,「이름에서 배우는 성경 히브리어 단어 구약성경 히브리어 단어집」서울: 그리심, 2011.

Allan K. Jenkins. 1979. "A Great Name: Genesis 12:2 and the Editing of the Pentateuch". *Journal for the Study of the Old Testament.* 4, no. 10: 41 -57.

Andersen, Francis I. *The Hebrew Verbless Clause in the Pentateuch.* Nashville (US): Published for the Society of Biblical Literature by Abingdon Press, 1970.

Gesenius, Wilhelm, Francis Brown, and Edward Robinson. *A Hebrew and English lexicon of the Old Testament: with an appendix containing the biblical Aramaic.* Oxford: Clarendon Press, 2010.

Garsiel, M. *Biblical Names: A Literary Study of Midrashic Derivations an Puns.* Israel: Bar-ilan University Press, 1991.

Grabbe, Lester L. *Etymology in Early Jewish Interpretation: The Hebrew Names in Philo.* Atlanta: Scholars Press, 1988.

Gray, George Buchanan. *Studies in Hebrew proper names.* London: A. & Ch. Black, 1896.

Jones, Alfred. Jones' *Dictionary of Old Testament Proper Names.* Grand Rapids: Kregel Publications, 1997.

Jouön, Paul, and Takamitsu Muraoka. *A Grammar of Biblical Hebrew. 1, 1.* Roma: Ed. Pontificio Ist. Biblico, 2005.

Koehler, Ludwig, Walter Baumgartner, Johann Jakob Stamm, Benedikt Hartmann, and M. E. J. Richardson. *The Hebrew and Aramaic lexicon of the Old Testament. 3 vols.* Leiden: E.J. Brill, 1994.

Long, Gary A. *Toward A Historical Linguistic Foundation For Biblical Hebrew: A Basic Sketch of Linguistic Hierarchies form Phoneme through Lexical Item.* Unpublished manuscript. Jerusalem: Jerusalem University College.

Marks, Herbert. 1995. "Biblical Naming and Poetic Etymology". *Journal of Biblical Literature.* 114, no. 1: 21-42.

Muraoka, T. *Emphatic Words and Structures in Biblical Hebrew.* Jerusalem: Magnes Press, Hebrew University, 1985.

Naveh, Joseph. *Origins of the Alphabet.* Jerusalem: Jerusalem Pub. House, 1996.

Odelain, O., and R. Seguineau. *Dictionary of Proper Names and Places in the Bible.* London: Robert Hale, 1991.

Yardeni, Ada. *A-Dventure-Z': The Story of the Alphabet.* Jerusalem: Carta, 2003.

Zabeeh, Farhang. *What Is in a Name?: An Inquiry into the Semantics and Pragmatics of Proper Names.* The Hague: M. Nijhoff, 1968.